日本激荡三十年

平成の政治

平成政治 1989—2019

[日] 御厨贵
[日] 芹川洋一
—— 编著 ——

郭颖侠
[日] 本间正雄
—— 译 ——

浙江人民出版社

图书在版编目（CIP）数据

日本激荡三十年．平成政治：1989—2019 /（日）御厨贵，（日）芹川洋一编著；郭颖侠，（日）本间正雄译．— 杭州：浙江人民出版社，2022.3
ISBN 978-7-213-10038-3

Ⅰ. ①日… Ⅱ. ①御… ②芹… ③郭… ④本… Ⅲ. ①政治制度史－研究－日本－1989—2019 Ⅳ. ① F131.3 ② D093.135

中国版本图书馆 CIP 数据核字（2021）第 022194 号

浙江省版权局
著作权合同登记章
图字：11-2020-073号

Heisei no Seiji
by Takashi Mikuriya & Yoichi Serikawa
Copyright © 2019 Takashi Mikuriya & Yoichi Serikawa
Simplified Chinese translation copyright ©2020 Zhejiang People's Publishing House,
All rights reserved

Original Japanese language edition published by Nikkei Publishing Inc.
Simplified Chinese translation rights arranged with Nikkei Publishing Inc.
through Hanhe International(HK) Co., Ltd.

日本激荡三十年：平成政治1989—2019

[日] 御厨贵　　[日] 芹川洋一　编著
郭颖侠　　[日] 本间正雄　译

出版发行：浙江人民出版社（杭州市体育场路347号　邮编 310006）
　　　　　市场部电话：（0571）85061682　85176516
责任编辑：张苗群
特约编辑：魏　力
营销编辑：陈雯怡　赵　娜　陈芊如
责任校对：姚建国
责任印务：刘彭年
封面设计：人马艺术设计·储平
电脑制版：北京弘文励志文化传播有限公司
印　　刷：杭州丰源印刷有限公司
开　　本：650毫米×960毫米 1/16　　印　张：16
字　　数：166千字　　　　　　　　　插　页：4
版　　次：2022年3月第1版　　　　　印　次：2022年3月第1次印刷
书　　号：ISBN 978-7-213-10038-3
定　　价：78.00元

如发现印装质量问题，影响阅读，请与市场部联系调换。

构建中日经贸合作新格局 开创融合创新发展新局面

在日本告别为期30年的平成时代（1989—2019）、开启令和时代之际，日本经济新闻出版社组织编写了"日本激荡三十年"丛书。浙江人民出版社在出版此套丛书的中文版之际，考虑到我曾于平成初期留学日本，回国后在国家经济贸易委员会、中国企业联合会等经济部门工作，较为广泛深入地对接日本财界，对中日经贸合作有所体会，嘱我为本书写一序文。

该套丛书系统论述了日本平成时代的政治格局变迁与政策演变、经济结构调整与产业转型升级，从技术、人才、资本等维度分析企业经营等，给读者提供了全面深入了解日本平成时代的多维视角和生动素材。在此不再更多地重复本书内容，谨就中日产业合作分享若干粗浅观点，代为序文。

一、中日经济格局发生巨大变化，产业合作迎来新机遇新挑战

20世纪70年代末，中国开启改革开放进程。此时，日本在第二次世界大战后的废墟上迅速实现经济高速增长，并于1968年跃居世界第二经济大国后，持续保持强劲的增长势头。日本的经验，得到世界各国的广泛关注和借鉴。改革开放初期，中国将日本在第二次世界大战后经济崛起的模式作为当时中国经济转型发展的重要参

考，两国产业合作得到广泛深入的发展，取得了有目共睹的友好合作、互惠共赢成效。

平成元年（1989）是第二次世界大战后日本经济发展到顶峰、随即迎来泡沫经济崩溃的转折点。日本当年国内生产总值（GDP）为3.06万亿美元，相当于中国当年GDP的8.7倍。但从1990年开始，日本经济先后引发了股市、地价崩盘，导致金融系统的恶性连锁反应，进入被动处置滚雪球式不良资产、经济持续低迷的较长衰退期，低位不稳定状态持续到2012年左右，俗称"失去的20年"。其间，1998年卷入亚洲金融危机、2008年遭受世界金融危机冲击时，均出现了连续两年的负增长。其结果是，日本平成时代谢幕的平成三十年（2019）GDP为5.08万亿美元，比平成元年仅增长约66%。而同期，中国经济持续较快稳定增长，2010年的GDP超过日本，2019年的GDP高达14.34万亿美元，约为1989年的41倍，相当于2019年日本GDP的2.8倍，中日两国经济格局发生历史性巨变。

平成时代的日本产业经济，相对于第二次世界大战后的高速增长繁荣时期，明显乏力，增速缓慢。其主要原因有：泡沫经济后遗症严重影响了不良资产处置与金融重建，新兴产业投资长期低迷，企业转型升级举步维艰，产业空心化加深加速，居民收入与消费水平徘徊不前，人口老龄化带来的社会保障支出压力与日俱增，伴随经济低位运行的财政收支压力日趋加重，严重制约了调控经济的财政金融政策空间及其灵活性。这些深刻的经验教训可供我国今后经济运行参考。比如，要严防泡沫经济和系统性金融风险，确保实体经济与虚拟金融的有机协同；以经济持续稳定发展维护财政收支健康运行，尽早建立健全可持续的社会保障体系等。

在平成时代那30年里，虽然日本经济总量增长缓慢，但总体经济结构和产业科技得到了低调且扎实的优化升级。以高端制造业和现代服务业为主，形成了若干支柱型优势产业集群，显示出较强的国际竞争力和较强的存在感。比如，在全球占有较大市场份额的汽车制造业、占据全球最高份额的机器人产业、代表高端制造业的数控机床和精密仪器产业、在核心零部件方面拥有诸多"隐形冠军"的电子产业、深得消费者信赖和追捧的精细化工和医药食品产业、风靡全球的动漫游戏和文创娱乐产业等，牢固支撑着日本的发达经济强国地位。而这些产业，恰恰是中国在经济高质量发展进程中急需深化协同创新、有待合作共赢的重要领域，给中日两国新时代的产业经贸合作带来了新机遇新挑战。

二、中日两国分别作为发展中大国和发达经济强国，拥有巨大的协同合作潜力

目前，中国作为最大的发展中国家，仍保持着旺盛的发展活力和强劲的增长势头。无论是消费需求还是投资供给，都在推进从规模增长到以质量提升为主线的结构性优化升级和高质量发展转型。日本作为经济总量排名全球第三的发达国家，以其高水平经济结构和产业科技，在世界经济中仍占据举足轻重的地位。经过改革开放40多年来的合作发展，中日两国在诸多产业中已形成垂直分工和水平分工有机融合的立体分工协作格局，形成了较强的市场互补性和协同创新发展基础。在此，着重强调三个有望深度合作共赢的未来指向型产业领域。

第一，促进幸福产业融创发展，共创"幸福生活"。

近年来，综合涵盖旅游、文创、体育、康养、智慧生活等高端现代服务领域的"美好生活"所需"幸福产业"概念及其产业实践广泛流行，得到人们的普遍认同和热衷消费，切实充实了生活内容，有效提升了幸福质量。中国进入新时代以来，随着产业经济高质量发展和人民生活水平日益提升，满足人民日益增长的对美好生

活需要的"幸福产业"成为高频词汇。幸福产业的快速崛起和广泛推广，既拉动了消费升级和产业扩容，又提升了人民生活的满足感和幸福感。各级政府和产学研用市场主体，正在积极探索用5G等新兴科技赋能幸福产业，促进幸福产业各领域融合发展、协同发力，引导新产业、新时尚。比如，将游戏趣味性植入中小学生的体育项目及智能健身器材，推动中小学生快乐锻炼、趣味健身、健康成长，贯彻落实健康中国战略。智慧娱乐、康体等幸福产业在协同创新中融合发展，综合幸福产业正在日益成为新风口、新赛道、新潮流。

日本力推"观光立国"和"文创立国"战略，将文化体验、体检康养、休闲娱乐、创意体育等幸福产业内容植入观光产品，取得了令人瞩目的成绩。新冠肺炎疫情暴发前，日本每年的外国观光游客达3000多万人，几乎是日本人口的1/4。由于文创产业走在世界前列，日本被称为"世界动漫王国"，系列经典之作风靡全球。近年来，日本动漫产业群的产值占GDP的比例达10%以上，全球播放的动漫节目有60%来自日本，动漫文创产业已成为日本第二大支柱产业，并呈现出动漫文创与智能体育等幸福产业融合发展的态势。比如，任天堂游戏公司开发的《健身环大冒险》（*Ring Fit Adventure*）是在游戏中可实现数十种健身动作，将游戏、娱乐、文旅与健身有机融合的综合功能型创意产品，深受全球市场追捧。中日文化同属东亚文化，基于东方人文理念与新兴智能科技，实现优势互补、协同创新、融合发展，不仅能够实现幸福产业合作共赢发展，也有望向世界呈现现代东方的幸福生活产业体系和幸福质量提升方案。

第二，深化康养产业协同发展，共促"人类健康"。

世界卫生组织（WHO）发布的世界健康报告中，日本在"医疗服务的品质""医疗负担的平等程度""国民平均健康寿命长度"等方面，多年蝉联世界第一。日本在有机农业、发酵工程、功能食品、汉方医药、健康养生、生命科学、医疗器械、健康管理、医疗服务、老龄养老等领域，具有较强的科技积累和产业竞争力，形成了体系健全、实力雄厚、成效良好的大健康产业集群。基于发达的大健康产业体系和大健康服务优势，日本已成为世界上国民健康寿命最长、医药医疗仪器货物出口强劲、体检康养服务贸易旺盛的大健康产业强国。

中国经济发展稳定，人民生活水平提高，对健康生活、高端医疗、幸福养老等大健康产业的需求空前加大。大力发展卫生健康事业，既可以提高人民健康生活质量，也有利于消除群众看病就医的后顾之忧，释放内需潜力，为推动形成以国内大循环为主体、国内国际双循环相互促进的新发展格局提供重要支撑。正在崛起的中国大健康市场和领先全球的日本大健康产业，具有很强的互补协同潜力。两国在大健康领域的优势互补合作，不仅有望实现产业合作共赢，也有望基于实践中的协同创新升级成就，为人类健康事业做出积极贡献。比如，中国的中医药科学和日本的生物科技有机结合，有望协同创新开发基于东方文化和中医（日本称汉方）理论的新药物、新疗法、新养生，为人类健康事业贡献东方智慧。

第三，加强节能环保领域合作，共建"美丽地球"。

节能环保产业不仅是未来经济发展的重要产业领域，更是事关地球安全、人类生存和可持续发展的国际政治外交重点。根据《联合国气候变化框架公约》，中国推动应对气候变化的《巴黎协定》全面有效实施，力争在2030年前达到二氧化碳排放峰值，在2060年前实现碳中和。中国以美丽中国建设为重要执政目标，将环境保护和生态文明建设放在社会经济建设突出地位。力争到2035年，绿色发展内生动力显著增强，绿色产业规模迈上新台阶，重点行业、重点产品能源资源利用效率达到国际先进水平，广泛形成绿色生产生活方式，碳排放达峰后稳中有降，生态环境根本好转，美丽中国建设目标基本实现。

日本制定实施"21世纪环境立国战略",节能环保科技及其产业得到长足发展,特别是垃圾处理、循环经济、环境修复、生物燃料、综合节能、混合动力、氢能开发、高效火电等节能环保领域技术领先全球,日本单位GDP二氧化碳排放量远低于世界平均水平,约为我国的1/3。日本的节能环保产业已与汽车、电子并列成为领先世界的三大产业集群。中国确定碳减排任务和生态环保目标,对社会经济发展也意味着新的挑战和发展机遇。中日两国在节能环保领域的互惠合作,不仅有助于中日两国节能环保产业转型升级,更有利于全球节能环保产业创新发展,共同推动《巴黎协定》全面有效实施,为建设美丽地球、促进人类可持续发展做出积极贡献。

三、中日两国的新时代创新合作,需要新格局新理念新动能

中国改革开放初期,基于高性价比人工优势,推行"两头在外、大进大出"的开放战略,把在华企业定位为生产加工基地的"三来一补"型外资大量涌入;加入世界贸易组织之后,消费、投资、外贸"三驾马车"并驾齐驱,国内消费能力和市场容量相应提升,关注中国内需市场的外资功能得以增强;进入新时代以来,中国正在努力构建以国内大循环为主体、国内国际双循环相互促进的新发展格局,高水平开放中的高质量创新发展新环境,给新时代的中外产业合作提供了新机遇、新挑战。日本是我国改革开放以来的主要投资来源国,双方应在过去两国积累的良好合作成效基础上,面向未来,创新性地开展高水平产业合作,迈上新时代中日产业合作新台阶。

第一,构建中日经贸合作新格局,加快深度融合发展。

中国在全面建成小康社会的基础上,开启了全面建设社会主义现代化国家的新征程,构建以国内大循环为主体、国内国际双循环

相互促进的新发展格局。新发展格局绝不是封闭的国内循环,而是更加开放的国内国际双循环,这不仅是中国自身发展需要,而且将更好地造福各国人民。中国有14亿人口,中等收入群体超过4亿人,预计未来10年累计商品进口额有望超过22万亿美元。中国将秉持开放、合作、团结、共赢的信念,坚定不移全面扩大开放,将更有效率地实现内外市场联通、要素资源共享,让中国市场成为世界的市场、共享的市场、大家的市场,为国际社会注入更多正能量。这给众多日本优强品牌企业、高精尖新兴产业和高品质日本产品,提供了分享中国巨大市场的难得的时代机遇。中日两国应充分借助《区域全面经济伙伴关系协定》(RCEP)和不断优化升级的中日韩合作机制,基于在产业垂直分工协作向水平分工协作演变的过程中形成的良好合作,加快构建中日产业深度融合发展新格局,在深度融合中协同创新,在创新合作中互惠发展。

第二,创新提升产业合作新理念,促进协同创新发展。

中国改革开放初期,"两头在外、大进大出"时期的产业科技合作,主要体现为在垂直分工协作的主格局下的简单技术委托加工;加入世界贸易组织后,消费、投资、外贸并驾齐驱时期的产业科技合作,主要体现为在垂直分工与水平分工并存的立体分工协作格局中的产业技术转移;进入新时代,高质量发展新阶段的产业科技合作,需要树立"较少对立竞争、更多协同合作"的理念,更多体现水平分工协作基础上的协同创新发展。现阶段,中国作为国际投资贸易大国,力求增强全球科技协同创新能力,向科技创新强国迈进。为此,要坚持开放发展战略,实现全球创新资源与中国产业科技市场的深度融合,增强全球开放式协同创新发展能力,助推我国经济高质量发展,同时为全球经济可持续创新发展做出应有贡献。日本不仅拥有雄厚扎实的基础科研能力,更有善于科技产业化的应用研发优势。中等收入群体不断增加、消费结构水平日益提升的中国市场，不仅是日本优质品牌企业发挥优势的广阔天地，也是创新型产业科技得以投放并在实践中优化升级的新兴市场，更是中日两国经济在协同创新中互惠合作、融合发展的新未来。

第三，增强金融开放合作新动能，实现产融互促发展。

近年来，中国根据新时代全方位高水平开放发展战略，加大金融开放力度，深化国际产融合作。2021年1月，中办、国办印发的《建设高标准市场体系行动方案》明确提出，要有序扩大金融服务业市场开放，支持社会资本依法进入银行、证券、资产管理、债券市场等金融服务业；允许在境内设立外资控股的合资银行、证券公司及外商独资或合资的资产管理公司。金融开放发展，是切实提高国内国际资本配置效率、更加有效促进实体经济发展、更加高效推进新时代高质量发展的战略举措。日本国家总资产约为100万亿美元（其中，金融资产约占70%以上），净资产超过30万亿美元，仅居民金融资产余额就高达15万亿美元。在经济全球化发展和日本国内利率低迷的背景下，近年日本海外金融资产保持在3万多亿美元的高水平。日本海外净资产中对外直接投资收益起到牵引作用，旁证了日本的综合金融机构与实体经济产融深度融合的优势特点。持续稳定发展的中国是名列前茅的国际资本流入市场，在金融开放条件下，两国金融资产的跨境高效合理配置，加上产融结合紧密的日本优势得到更加充分的发挥，就有望形成中日跨境产融互促发展新动能，促进中日产业协同创新发展新趋势，共享发展新时代。

李明星

中国企业联合会副会长、经济学博士

如何告别一个远去的时代

大概在两个月前,浙江人民出版社的胡俊生先生约我为"日本激荡三十年"丛书写序。一时诚惶诚恐,自觉难以胜任。读毕全书,思索数日,依旧理不出头绪。始终萦绕于心的是一系列问题,包括对平成年代的日本究竟了解多少,如何评价一个远去的时代……当我声称"不怕走错时代,只怕走错人群"时,又该如何从不同的人群中截取那个时代不同的幻影?

一

或褒或贬,评价一个时代不似观看两个壮汉拔河,后者就算一时势均力敌,胜负终究清晰可见。想起早先经常被读者问及当下中国是进是退,我爱援引说明的也是"进退曲线",而非直线推移。简而言之,有些地方进如波峰,有些地方退若波谷,细碎密匝,于时空之际,均望不到边,叫我如何整体评说?

唯一能做的只有就事论事,具体陈述哪些地方发生了变化,其意义为何,而决不能因一时情绪以"完全进步"或"完全退步"概而括之,就此敷衍了事。更别说"进步"一词,伴随语境转换,也常常是让人疑窦丛生的。于结果论,也还有可能是"过对了河,上错了岸"。就像雅各布斯借其经典小说《猴爪》所揭示的——小心愿望成真。

旧的事物在消逝，新的事物在生长。新的时代因为这一简单的"二进制"原理不断"涌现"（emergence），于是有了世间的千变万化。然而，以我们有限的经验与学识去评判历史，终究只是"管中窥豹""以短量长"。就算有机会作遥远的回望，看到的也只是"渺沧海之一粟"的局部罢了。一时的进步，有可能是巨大退步的开始；一时的退步，亦可能是巨变的开端。其所反映的不是一种简单的历史相对主义，而是生而为人不得不随时面对的知识之困。

当然，这一困境的存在并不意味着有关时代的评论都已失去意义。写作不仅记录现实，而且参与历史，这是写作的双重价值之所在。纵览"日本激荡三十年"丛书，所论者多是具体的人、事、物，虽然细碎，却也不失为几位学者对日本平成时代观察的结晶。如雷蒙·阿隆所言，知识分子有必要成为"介入的旁观者"，既参与公共事务，同时又必须时刻保有自己的理性。最好的方式，依我之见，知识分子既要旁观世界，也要旁观自我，后者通常被理解为一种自省的态度。

二

说到平成时代的一些特征，有必要还原其历史背景，即昭和时代（1926—1989）的生与死。

现实是正在成型的历史。有经验的观察者可能从各种潮流的此消彼长中，觉察出有关未来的走向。当然，这只是一种可能性。毕竟，各种变量与偶然性参与其中。未来是开放的，只有回望时，才会看到历史经由唯一的那条道路走到了今天，并通向未来的城池。而身处现实之中，更多的时候我们只能像狄更斯一样感叹时代的暧昧——这是一个最好的时代，也是一个最坏的时代。

有没有一种可能，每个人身上同时奔腾着几条河流，甚至朝着完全相反的方向奔去？就像在同一个时代涌现着完全不同的洪流。

遥想20世纪初的大正民主时期（1905—1925），彼时自由主义、共产主义、军国主义、无政府主义等若干潮流齐头并进。及至20世纪30年代后期，虽然军国主义一枝独秀，其他潮流不得不隐匿于黑暗之中，但也没有彻底消失。

没有哪个时代是从天而降的。如果忽视石桥湛山等"小日本主义"一系的苦力支撑，就很难理解第二次世界大战后日本因何有机会在经济上迅速崛起。1945年，当军国主义的巨石被搬开，曾经的暗流河从此一泻千里，也算是另一种意义上的"堂堂溪水出前村"。与此同时，其他潮流也渐渐潜藏，或者悄悄生长。

与平成时代那30年的清晰轮廓相比，持续60余年的昭和时代是暧昧的。在中国人眼里，昭和时代始于虎视眈眈，终于和风习习。前者让我想起随之而来的发生在故乡的血腥往事。老人们说，日据时期的阴阳界是："昭和政府管白天，国民政府管夜晚"。

后者让我想起20世纪80年代日本、新加坡以及中国香港、台湾地区的电视剧，为中国的年青一代提供了一条时空隧道，让他们可以随时感受遥远都市中的情爱之美。很难想象，小时候我在电影里看到的杀人如麻的龟田、松井等太君和电视连续剧《排球女将》里清纯可人的小鹿纯子同属于昭和时代。

隔海相望，我这一代中国人只是看见昭和时代的尾巴。当年日本早已从军国主义的废墟中浴火重生，不仅告别了"一亿总玉碎"的疯狂，还迎来了"一亿总中流"的繁荣，如石桥湛山所期许的那样。这位有远见的思想家曾经在伊势神宫祈祷日本赶紧战败，因为只有一个日本被打败了，另一个日本才有时间重新开始。

石桥湛山没有想到的是，到了20世纪80年代中后期，这个岛国慢慢切换至另一种疯狂模式。巨大的经济泡沫让日本人一时豪气冲天。最疯狂的时候，仅东京一个区的房价总和甚至可以买下整个美国。

然而，有些人的生活变得悲惨起来。就像本书中提到的，一位保险公司的社长曾经这样抱怨："要我如何告诉在战争中死去的朋友们，我们建设了一个怎样的日本才好呢？难道让我说，我们建设了一个哪怕你再努力工作，最终也买不起一个家的日本吗？"这是在经济泡沫破裂以前，一个普通人对日本模式的怀疑。

后来经济泡沫破裂的事情，大家都知道了。从某种意义上说，这像是一个双重隐喻。日本在政治与经济上的疯狂都终结于昭和时代。1989年，平成时代正式开始。借昭和时代的余晖，这一年日本的GDP增长率是5.4%，是平成时代那30年的起点与最高点。20年后，该数据变成了反方向的-5.4%。如伊丹敬之所言，"倒栽葱式地跌入悬崖"。

对于现实而言，最重要的是，狂飙突进的日子已经和昭和时代一起结束了。而进入平成时代的日本，不得不开始面对并接受平凡的命运。

三

20世纪80年代，中国人可以通过《血疑》《阿信》《聪明的一休》《排球女将》等影视剧了解昭和末期的日本在新闻以外的故事。而关于平成时代的日本，我唯一看过的一部日剧是凤凰卫视中文台播放的《东京爱情故事》。

如上所述，昭和时代已经结束了。而在许多迷恋抗日剧的中国观众眼里，平成时代似乎一直没有开始，民众很难从公开的影像上找到这个时代的蛛丝马迹。由于历史转向与中日关系恶化，此时内地电视台经年累月播放的多是抗日剧。这固然可以说是创作自由的表现，与此同时，这种失衡的繁盛也在以其肤浅的方式塑造历史，同时影响了今日中国人对中日关系更现实的理解。

我对平成时代日本的了解，是从访问早稻田大学开始的。十年前，当我第一次站在东京街头，有了与游学欧洲时完全不同的异域体验。随处可见的汉字与黄色面孔，让我觉得自己仿佛没有离开中国。甚至是从那一天开始，我才突然意识到东方的意味。此时的东京平和有序，完全不见昭和前期的激烈与癫狂。于是，当时我有了一个戏谑的想法——想看汉唐去京都，想看昭和回横店。

相较于昭和时代的大起大落，平成时代或多或少显得有些平庸。有人感叹，与三岛由纪夫那一代"昭和男儿"相比，平成时代盛产的只是终日宅在家里的"平成废物"。这样说可能并不公平，像太宰治那样的颓废精英，可是昭和时代的产物。

平成时代究竟是一个怎么样的时代？在"日本激荡三十年"丛书中，小峰隆夫、伊丹敬之、御厨贵、芹川洋一等人从不同的角度进行了论述。与昭和时代的经济神话相比，平成时代那30年的日本，因为经济上的"毫无长进"，被人称为"失去的30年"。平成时代开始于人口下降的"1.57危机"，然而30年来没有任何改观，"只有写人口减少的书一直在畅销"。一个原因是，人口大量地从出生率高的地方转向出生率低的大城市，由此形成了人口减少的负螺旋。当然，这已是世界性问题。随着科技发展与享乐主义盛行，人类已经进化到不仅不需要人，而且不需要后代了。

政治方面，平成时代同样面临各种问题。比如，日本的政治体制是否能够吸纳更多的政治精英？有些国家的从政风险来自政治斗争，而在日本，从政意味着不断失去，以至于从政不再是"可以向小孩推荐的职业"。此外，从政者还要面对"民主主义的失败"之魔咒。不得不说，这是民主的困境——不遵从民众的呼声，就不会当选；而完全遵从民众的呼声，则可能一事无成。民主缚住了暴君，同时也可能让积极的政客变成平庸的走卒。

民粹主义与反智倾向同样在缠绕中上升。在汹涌的民意面前，专家的意见形同虚设。按小峰隆夫的理解，过度听从民意不啻为政治恶化的一种表现，"受国民委托负责政策运营的政治家不能一味迎合舆论，有时候需要说服舆论，担负起走长期路线的责任"。由此而论，安倍经济学实为政治拖延症，扬汤止沸的作用只是构建"在做事的感觉"。通过拖延本应支付的社会成本来笼络民心，一旦油尽灯枯，这一政策也就失去了意义。

从积极的角度来看，这种政治困境也意味着民众对从政者提出更高的要求。耐人寻味的是主流民众对于财政危机的态度——原则上同意提高消费税，但具体执行必须延后。这里有一种击鼓传花式的微妙，即观念上赞同（重义），行动上却反对（重利）。令人担心的是，日本将面临越来越严重的财政危机。

这种困顿有点像今日法国——受制于部分民意的裹挟，改革比革命还难。

虽然小峰隆夫、伊丹敬之、御厨贵等人在本书中集中批评平成时代的平庸，包括效率受制于选举过多，政治上受到美国的掣肘，甚至失去了互联网发展带来的大好时机，但有一点不容忽视的是，日本"科技立国"的宗旨在这个"平庸的时代"得到了绝佳体现。至2020年，日本已有27位诺贝尔奖得主，其中有2/3出现在近20年。

曾经在网上看到这样一个问题——"失败的平成时代"为什么让人怀念？本土文化的繁荣也是其中一个原因。共同社的一项民意调查显示，有73%的日本人认为平成时代是一个好时代。告别昭和年代的血脉偾张与纸醉金迷，日本在平成时代回归到了平静的生活。

平成时代脱胎于最后的昭和时代。一个在外交、军事甚至经济上都缺少一定独立性的非正常国家，是以怎样的决心完成文化及技术上的追求与坚守的？想起近百年前石桥湛山有关"小日本主义"的一个主张——重要的是开发国民的脑力资源，而非掠夺他国的物产，压榨他国的人民。出于这个缘故，我宁愿今日日本与世界各国继续"平庸"下去。汉娜·阿伦特从"平庸的恶"中发现极权主义的起源，而我们是否可以从平庸的时代中看到"平庸的善"？

四

几年前，我有机会在东京大学访学，对日本的现实与发生在中日之间的诸多历史有了更深的了解。中日交恶是20世纪东方最大的悲剧。在拙作《西风东土：两个世界的挫折》中，我曾将日本视为"中国之药"，其实中国于日本又何尝不是一味药？最坏的状态是中国与日本重回过去交恶（互为毒药），而最好的状态是中国与日本在未来相遇（互为解药）。

作为一个具备后发优势的国家，中国的幸运在于有足够的前车之鉴。这让这个正在脱胎换骨的国家在相当长的时间里一次次避免了政治、经济以及社会的大动荡。

不仅仅是在日本的昭和时代，自进入近现代以来，无处不是狂飙突进的景象。就像《爱丽丝漫游仙境》中的兔子，时刻嚷着"来不及了，来不及了"。而现在，世界也重新走到了分水岭。中国和日本，这两个不断"走出去"的东方大国，正面临逆全球化运动的考验。就像快速旋转的陀螺，此时同样需要慢而不倒的能力。

2015年，当一艘有四个足球场大的东方货轮首次抵达英国费利克斯托港时，有人想起鸦片战争时的某些场景。联想到近年来英国的脱欧政策，当年为"自由贸易"开路的鸦片战争在这场逆全球化运动中似乎变成了反讽。而美国也在特朗普的"美国优先"中渐渐失去了"道德的光芒"。

几年后的2020年，一场疫情几乎让整个世界进入了停摆状态。发生在这一年的新冠肺炎疫情像是一个隐喻，它昭示着人类最真实的困境——不仅要面对疾病这一共同的敌人，而且每个人都被隔离在各自的"战壕"里。

这一年最大的变化是一切宏大叙事都让位于对具体生命的保护，因为每个人的命运都紧密相连。责备这一年碌碌无为是容易的，然而还有什么比"活下去再说"之平庸更伟大的事情？对于日本人而言也是如此吧，尽管昭和时代令人魂魄激荡，但刚刚过去的"并不成功的平成时代"似乎更令人心安。

每个时代都有其英雄传说，那是一些处于风口浪尖的水花，有着不同的面貌，而更深沉的河流却在接近河床的暗处流淌，是它们连接了日本的昭和、平成与令和，也是它们连接了地球上的陆地和海洋。

是为序。

熊培云

南开大学副教授、学者

"当代人写当代史"的成功之作

2019年春天,我随着"明治维新文化之旅"在日本大地上游走。有一天,在鹿儿岛市的城山脚下一座巨大的西乡隆盛雕像旁,我看到一个木牌上赫然写着"令和元年"。我突然意识到,自己正在见证日本历史的交替。因为这一天是2019年4月30日,是平成时代的最后一天。5月1日,皇太子德仁就会即位,改号"令和"。85岁的明仁天皇退位,延续30年的平成时代宣告结束。在某种意义上,日本的近代史是从鹿儿岛开始的。明治维新三杰中的西乡隆盛、大久保利通都是从这里走向东京的政治舞台的,西乡隆盛在城山自杀则标志着武士时代最终退出了历史舞台。在这样一个具有历史意义的地方,见证平成时代的正式落幕,怎能不令我感慨万千?

从1989年到2019年,平成时代的日本发生了什么?那么多政坛纷争到底意味着什么?日本经济真的有"失落的30年"吗?在中国经济高速发展的这段时期,日本经济是不是一直在走下坡路?如何评价这30年间日本的发展?从日本归来,这些问题就一直萦绕在我的心中。让我感到意外的是,平成时代甫一结束,日本经济新闻出版社就推出了"平成三部曲"。浙江人民出版社也在第一时间组织人力,翻译出版了这套丛书,这就是摆在读者诸君面前的这套"日本激荡三十年"丛书。

一

"日本激荡三十年"丛书由三本书组成,分别是《日本激荡三十年:平成政治1989—2019》《日本激荡三十年:平成经济1989—2019》《日本激荡三十年:平成企业1989—2019》。后两本书都是学者的个人专著,只有《日本激荡三十年:平成政治1989—2019》采取了非常别致的"三人谈"(日语称为"鼎谈")形式。

《日本激荡三十年:平成政治1989—2019》的前三章,每章都由熟悉日本政坛内幕的政治学者御厨贵、活跃的政治记者芹川洋一与不同的对象进行深入对话。第一章的对话对象是美国学者杰拉尔德·柯蒂斯,柯蒂斯长期观察日本政治,和多位日本政治家有密切交往;第二章的对话对象是经济学家大田弘子女士,她曾担任内阁大臣,直接参与过政策制定;第三章的对话对象是蒲岛郁夫先生,东京大学法学部教授,后当选熊本县知事。最后一章则是御厨贵和芹川洋一两人一起讨论"从平成时代思考今后的日本"。

第二次世界大战后,在经历了短暂的动荡之后,日本政坛很快就进入了稳定状态。尤其是自1948年10月吉田茂第二次当选首相,直到昭和时代结束的1989年1月,在长达41年的时间里,日本共有14人出任首相,平均每人任期将近3年。其中,吉田茂、佐藤荣作、中曾根康弘的任期超过5年,佐藤荣作更是以将近8年的任期刷新日本政坛纪录。与此形成鲜明对比的是,在平成时代的30年里,有17人出任首相,平均每人的任期仅为1.8年。特别是在平成时代最初的10年里,首相多次换人,如走马灯一般,让人眼花缭乱。只有在进入21世纪以后,日本政坛才相对稳定下来,还先后出现了小泉纯一郎、安倍晋三两个长期在位的首相。

在经济泡沫破裂、经济增长乏力的背景下,政权缺乏长期性,首相人选多次更迭（也是经济形势不好的结果），当然不是好事。在过去，我对于这种现象也很不以为然，认为这是日本政治弊端的集中表现，但是《日本激荡三十年：平成政治1989—2019》这本书改变了我的这个成见。因为首相更迭都是经过合法有序的政治程序完成的，日本政治一直都平稳地行驶在和平宪法规定的政治轨道上，并没有发生任何"政治出轨"。一方面，这说明了1946年制定的和平宪法的伟大。迄今为止，它是世界范围内唯一一部从未进行任何修改的宪法，在日本政治中发挥了定海神针般的作用。从20世纪80年代起，国际社会（包括著名的基辛格博士）就预言日本会成为军事大国，但是迄今预言仍未成为现实。另一方面，民众视政治家如敝屣，也说明日本的民主政治已很成熟了。在现代世界，最重要的是制度，如果一个国家仍旧欣欣然于"一人兴邦，一人丧邦"，显然不是一件好事。

平成时代的日本政治也在探索新道路，因为国民的价值观在变化。"过去，人们一直认为日本是一流的经济（实力）、三流的政治（体制）。但其实只要经济是一流，政治是二流或三流都可以接受"，"到了20世纪90年代，经济泡沫破灭，如果日本在经济上也沦为二流国家，那就无可救药了。所以，人们对政治的要求发生了很大的变化"（《日本激荡三十年：平成政治1989—2019》第17页）。1993年，自民党发生分裂而失去了众议院多数席位，从而丧失了长达38年的单独执政地位，标志着"1955年体制"[①]的结束，从此自民党必须联合其他政党才能执政。

国民有了自民党之外的选择，有志向的政治家也有了实现抱负的新路径。例如，作为东京大学法学部教授，蒲岛郁夫先生就没有接受自民党推荐，而是自行参选，成功当选熊本县知事。随

---

① 见本书第53页注释。

着政治格局的变化，日本也进入了"从党主导到官邸主导"的新阶段。在昭和时代，自民党长期执政，在自民党内部形成了以一致通过为前提的法案预审制度，"可以说，当时是一个'党（自民党）高于政府'的时期，官僚们对党负责"（《日本激荡三十年：平成政治1989—2019》第85页）。进入平成时代之后，强化内阁的职能，更改决策过程，从而提高了透明度和效率。随着互联网的发展，很多政治家能够迅速对网络热点作出反应，迅速回应网络舆论。

对于刚刚过去的平成时代，《日本激荡三十年：平成政治1989—2019》既是一个俯瞰式的概览，又是一次深入其境的游历。作者没有政治忌讳，直抒己见，即使对于在世的当权者也直陈功过是非，不掩饰不敷衍。书中披露了许多政治内幕和政治轶闻，让读者可以一窥日本政治的台前幕后。特别是"三人谈"这种形式，挥洒自如，不同的讲述口吻让各种人物的形象跃然纸上，读来轻松有趣。我在读这本书的时候常常感到，三位与谈者仿佛就在面前，坐于榻榻米上，端一杯清茶，臧否人物，指点江山。此情此景，怎能不令人神往？

二

在第二次世界大战后的日本经济学界，有一个重要的学派叫作"官厅经济学派"。其成员既有一定的经济理论素养，又在政府中担任一定的职务，因兼有政府官员和学者的双重身份，被称为"官厅经济学家"。与一般的经济学家相比，这些人具有宏观的视野，更了解国民经济的实际运行情况，对经济政策也有更切实的影响。作为《日本激荡三十年：平成经济1989—2019》的作者，小峰隆夫在1969年大学毕业后就进入经济企划厅工作，显然是一位典型的"官厅经济学家"。在半个世纪的时间里，他一直从事观察和分析日本经济，一度负责撰写权威的年度《日本经济白皮书》。为读者执笔介绍平成时代经济史，小峰隆夫可谓是不二人选。

进入平成时代后的最初两年，延续了昭和时代的繁荣局面，经济增长率高、失业率低、物价稳定，资产价格不断上涨，经济泡沫不断膨胀。但是，"处于泡沫漩涡里的人们不认为自己身处泡沫之中"（《日本激荡三十年：平成经济 1989—2019》第 16 页），反而陶醉于虚假的繁荣之中，为自己的住房升值、股票上涨而欣喜。这种局面是否让中国读者有似曾相识之感？多年以来，经济学家们一再呼吁警惕中国的经济泡沫，可是相当一部分人置若罔闻。就像当年的日本一样，只要泡沫没有破灭，人们就不肯相信经济存在泡沫。1991 年，日本经济泡沫突然破灭，几乎所有人都感到意外。日本政府为了应对危局，反复进行财政刺激，金融政策也开始有所转向，但是日本经济再也回不到 20 世纪 80 年代了。1993 年度的《日本经济白皮书》中写道，"泡沫对于经济有百害而无一利"（《日本激荡三十年：平成经济 1989—2019》第 58 页）。这是日本的沉痛结论，也是值得中国认真汲取的历史教训。

让笔者感到意外的是，全书并没有采用"失落的 10 年""失落的 20 年"的说法。在我看来，可能是作者对于这种不严谨的媒体语言并不认同。在经济泡沫破灭后，日本经济并不是一条一路向下的曲线。1993 年，景气指标触底反弹，经济开始恢复。1995 年，日本的 GDP 增长率达到 3.1%（世界银行数据）。然而，1997 年亚洲金融危机爆发，给存在种种潜在问题的日本金融业带来了重大打击，多家证券公司、银行破产。为此，日本政府出台金融体系安定政策，赋予日本银行独立性，避免了金融危机。

在"失落的 10 年""失落的 20 年"的说法背后，人们往往以为日本政治家都是无能之辈，在经济困境面前束手无策。实际上，日本政治家并没有把问题推诿给国际影响、外国压力等，而是直面真实问题，特别是桥本龙太郎、小泉纯一郎、安倍晋三这三位首相。他们认识到，日本经济的根本问题在于政府主导经济，必须进行结构性改革。1997年1月，桥本龙太郎在第二次组阁后的施政演说中说："身处世界一体化的社会背景下，在人、物、资金、信息均可自由流通的时代中，很明显，现在的体制已成为我国发展的障碍，我们必须争分夺秒地创造出引领世界潮流的新经济社会体系。"（《日本激荡三十年：平成经济1989—2019》第93页）为此，他一口气推出了行政、财政、社会保障、金融体系和教育等六大改革，遗憾的是，由于亚洲金融危机突然爆发，桥本的改革被迫中断。

进入21世纪以后，小泉纯一郎首相用"自由的市场是根本""民间能做的就交给民间，地方能做的就交给地方"等鲜明口号，不断推进改革。在他看来，"不进行结构改革就无法实现真正的景气复苏，也无法实现持续增长"，因此主张"资源的流动基本上是通过市场实现的。要清除市场的障碍或抑制增长的因素"，"要创造付出智慧和努力就能够得到回报的社会。通过这些举措来让经济资源迅速流入增长领域"（《日本激荡三十年：平成经济1989—2019》第190—120页）。从2002年1月日本经济进入景气期，直到2008年2月，长达73个月，时间跨度超过了第二次世界大战后的所有景气时期。

平成时代的第三个十年是伴随着世界经济危机开始的。不过，在发达国家中，日本率先走出危机。安倍晋三先后射出新旧"三支箭"，在调整的基础上继续推进结构性改革。结果，日本宏观经济在2011年探底后，几乎连续8年持续恢复（从2012年12月开始到2019年1月，持续长达74个月），成为第二次世界大战后持续时间最长的景气扩大时期。日经指数不断攀升，失业率降至历史最低水平，企业收益大幅增长，媒体炒作的所谓"失去的30年"显然是夸大其词。当然，很多人仍然抱怨"没有实感"，因此日本的结构性改革仍然任重道远。

纵观平成时代，日本经济有悲有喜，有笑有泪，有挫折也有奋进，绝非一团灰暗。和同时期的中国相比，日本经济确实表现欠佳，但是不能忘记的是，日本已经是发达国家，不可能像仍处于发展中国家的中国一样，一直保持高速增长。在进入高收入国家行列之后，发展速度回落是必然的，因此在进行国家对比时，应该理性地看待日本的发展。日本作为先行一步的国家，不但为中国经济发展提供了许多足资借鉴的经验，而且敲响了警钟。例如，平成时代以来日本致力解决的老龄化、少子化等问题，也正是目前中国亟待解决的棘手难题。

也正是在这个意义上，日本是中国的镜子，也是中国的鞭子。

三

如果把日本企业比喻为船只，那么平成时代这30年就是一段险滩不断的河流。从1991年经济泡沫破灭到1995年阪神大地震，从1997年亚洲金融危机到2001年"9·11"恐怖袭击事件，从2008年世界金融危机到2011年东日本大地震，国内外大事件连续不断，日本宏观经济反复动荡，日本企业在内忧外患的夹缝中积极前行。"疾风知劲草"，日本国际大学校长伊丹敬之先生把由危机导致的混乱局面称为"疾风"，把日本企业比喻为"劲草"。他撰写的《日本激荡三十年：平成企业1989—2019》一书讲述的就是何为"劲草"。"面对未来，总会有各种各样的不安与担忧，但是日本企业在充满波澜的平成时代的三十年中，经历了'疾风'的洗礼后成功回归，让我们见到了'劲草'"(《日本激荡三十年：平成企业1989—2019》第88页)。

作为一个以经济立国的国家，企业在日本的重要性不言而喻，而且表现出强大的生命力。在泡沫破灭后，日本企业一边奋力开拓海外事业，一边千方百计地确保国内出口。因此，从1993年到1997年亚洲金融危机爆发前，日本企业的整体营业利润率并不低，努力维持着"小康"水平。即使遭遇亚洲金融危机和"9·11"恐怖袭击事件，从1995年到2008年美国次贷危机爆发前夕，日本的出口也一直保持着高速增长，日本企业的顽强实在令人感佩。同样，2008年世界经济危机也没有打垮日本企业。从2011年起，日本企业的自有资本率和净利润率都保持上升态势。从2017财年的决算数据看，许多日本企业取得了历史最高收益，日本商品出口也在这一年达到了历史新高。

伊丹敬之认为，1997年亚洲金融危机和2008年美国次贷危机是令人惊骇的两次"疾风"，从根本上动摇了日本企业和社会。它们"让日本企业陷入大混乱当中，然后又使日本企业迸发出了从混乱中竭尽全力走出来的努力"，从而"成就了日本企业中的'劲草'，使它们走向前台，展现出了'精神奕奕的风姿'"（《日本激荡三十年：平成企业1989—2019》第260页）。"日本企业终于能够在积极面对未来的状态下，见证平成时代的结束"，所以伊丹敬之感慨"日本重新回归"（《日本激荡三十年：平成企业1989—2019》第88页）。

作为当今日本著名的经营管理学者，伊丹敬之担任过多家企业的董事，对企业有具体的观察。在对平成时代的日本企业进行宏观描述之后，他又从世界、技术、人员和财务四个视角对日本企业的经营状况进行微观分析。在他看来，日本企业从单一依赖美国转向美中均衡，同时又将东盟作为不可舍弃的重要存在，"日本企业对中国是期待与防范交织在一起，对美国则是感到前途不安，对东盟地区是期待"（《日本激荡三十年：平成企业1989—2019》第121页）。在不断拓展海外市场和海外生产的同时，基于"失去了国内市场也就失去了世界"的认识，日本企业形成了独特的"比萨型"国际化的海外事业拓展方式。处在最中间的国内生产变薄，变薄部分移至海外，但是就像制作比萨时把最好吃的那部分留在比萨中心一样，日本企业把重要的工作内容留在国内，维持了国内的雇佣和技术积累，国内产业并没有"空洞化"（《日本激荡三十年：平成企业1989—2019》第111—112页）。因此，在平成时代结束的时候，日本产业仍然拥有广泛的技术基础。

在伊丹敬之看来，日本是一个重视从属关系的国家，在危机频现的平成时代里，企业与雇佣和人事的基础没有发生太大变化。和其他国家不同，当危机到来时，日本企业的劳动分配率不降反涨，因为日本企业文化认为，企业既是股东的，也是从业人员的。作者把这种文化称为日本经营中的"人本主义"。它主张优先保证从业人员的稳定收入，使他们更加忠诚努力地工作，从而为企业和股东带来更大的利益。尽管在2000年左右出现了"公司是谁的"讨论，有人呼吁"向美国式成果主义以及市场型薪酬制度学习"，但是最终并没有被所有日本企业所采用。

展望未来，伊丹敬之仍然保持乐观。因为他认为，在平成的"疾风和激荡"中，日本企业的本质没有发生改变，依旧拥有不变的基础。这些基础让企业可以成为"劲草"，"日本企业从沉迷的谷底完美地恢复了"。他引用法国哲学家阿兰的名言"悲观主义是情绪的产物，乐观主义是意志的产物"结束了《日本激荡三十年：平成企业1989—2019》这本书，也让读者对于日本这个以企业为基业的国家的未来产生了期待。

"当代人不修当代史"是中国的传统，因此我在初读"日本激荡三十年"丛书时，未免不抱着深刻的怀疑。结果我没有失望，在"五一"假期里，一口气读完了这部三册的巨著，也开始修正"当代人不修当代史"的成见。尽管当代人囿于认识局限和感情牵连，在写作身处其中的当代史时会产生各种问题，但是也不容否认，"当代人写当代史"自有其优势。就像"日本激荡三十年"丛书，不但"俯瞰大河东去"，对平成时代进行了宏观分析，而且对平成时代进行了近距离的生动描写，充满了后人难有的"激情"。因此，这是一部了解平成时代不可多得的好书。我作为日本历史的爱好者，不揣冒昧，写下这篇文章，既是记录个人的读书心得，也向读者朋友们热情推荐。

谨此为序。

马国川

《财经》杂志高级研究员、学者

译者序

说心里话，我觉得写一篇译者序是比翻译整本书还困难许多倍的事情。可能是因为翻译是幕后工作，翻译过程中一心只追求与原文作者同步（synchro），习惯于藏起自己的喜恶以及表达习惯，而写序则需要在完成翻译和校对之后，再特意留出一段时间让自己走出来，重新回望这本书。

刚刚结束的日本平成时代（1989年1月8日至2019年4月30日），政权多次更迭，不同政党轮番执政，30年间先后共有17位首相登场。首相频繁下台可以说是平成时代日本政治的一大特征。本书作为一本"鼎谈录"，记录了谙熟日本政坛台前幕后的一位学者和一位媒体人与不同对象之间的访谈。几位访谈对象虽然身份完全不同，但都对日本政界内情非常熟悉，他们以不同的身份、经历和视角，围绕平成时代的政治展开了生动有趣的对话。

在这本书里，我们可以了解那些重要历史时刻的诸多幕后细节，政治人物也不再是新闻中单一刻板的形象。我们可以看到现在已经接班成为首相的菅义伟（访谈时任安倍内阁官房长官）是如何开启自己的"人事安排"的；可以看到"麻生先生非常讲人情和道义，是一个非常好的人"，"一起喝酒也非常愉快"。这本书的鼎谈参与者们不是单纯地客观讲述，而是在对话中不时流露出带有感情色彩的主观评论，让读者知道人们对这些政治家的实际感受。我想，即使是对日本政治或者对政治本身并非很有兴趣的读者，看了这本书后，也会对这些日本政治人物有一个整体的认识。

不仅在亚洲，而且在世界范围内，日本的政治制度和运行机制都有很多独特之处。通过这本书中所讲述的一个个生动故事，我们还会发现，人情和关系等在日本社会也随处可见，例如田中角荣如何向自己派系的年轻议员派发现金，小泽一郎如何决定大臣的任命，地方政府如何运营"熊本熊"等。这些故事有的让人拍案叫绝，有的让人忍俊不禁，有的则让人瞠目结舌。

几天前看的一部日本纪实电影，描述了东日本大地震后政府和东京电力公司的灾后应对情况，呈现了与这本书中完全不同的细节。同一事件，从不同角度可能会得出完全不同的结论，我想这就是多读多看的妙处——看似不同甚至矛盾的多个事实的总和，可能才是真相。

在2020年这个见证历史的特别年份，在因疫情困守家中数月之久的特殊时期，很荣幸得到浙江人民出版社的信任，着手翻译此书。在提交初稿之后，更得到了编辑逐字逐句的编校。对某些即使是词意上有很细微差别的用词，我们也反复斟酌，一起探讨并决定是否加注等。这种借助微信的往来推敲往往周末也在进行，让我感受到与日本的出版社相比较，浙江人民出版社有过之而无不及的细致作风和专业精神，在此深表谢意。

郭颖侠

2020 年 9 月

日本平成时代首相任期一览表

序号	任次	姓名	任期	党派
1	74	竹下登	1987.11.6—1989.6.3	自由民主党
2	75	宇野宗佑	1989.6.3—1989.8.9	自由民主党
3	76	海部俊树	1989.8.10—1990.2.28	自由民主党
4	77	海部俊树	1990.2.28—1991.11.5	自由民主党
5	78	宫泽喜一	1991.11.5—1993.8.9	自由民主党
6	79	细川护熙	1993.8.9—1994.4.28	新党
7	80	羽田孜	1994.4.28—1994.6.30	新生党
8	81	村山富市	1994.6.30—1996.1.11	日本社会党
9	82	桥本龙太郎	1996.1.11—1996.11.7	自由民主党
10	83	桥本龙太郎	1996.11.7—1998.7.30	自由民主党
11	84	小渊惠三	1998.7.30—2000.4.5	自由民主党
12	85	森喜朗	2000.4.5—2000.7.4	自由民主党
13	86	森喜朗	2000.7.4—2001.4.26	自由民主党
14	87	小泉纯一郎	2001.4.26—2003.11.19	自由民主党
15	88	小泉纯一郎	2003.11.19—2005.9.21	自由民主党
16	89	小泉纯一郎	2005.9.21—2006.9.26	自由民主党
17	90	安倍晋三	2006.9.26—2007.9.26	自由民主党
18	91	福田康夫	2007.9.26—2008.9.24	自由民主党
19	92	麻生太郎	2008.9.24—2009.9.16	自由民主党
20	93	鸠山由纪夫	2009.9.16—2010.6.8	民主党
21	94	菅直人	2010.6.8—2011.9.2	民主党
22	95	野田佳彦	2011.9.2—2012.12.26	民主党
23	96	安倍晋三	2012.12.26—2014.12.24	自由民主党
24	97	安倍晋三	2014.12.24—2017.11.1	自由民主党
25	98	安倍晋三	2017.11.1—2020.9.16	自由民主党

目 录

序　章　对谈缘起 | 001

第一章　政治改革的功与过 | 005

平成之初，谁是幕后操盘手 / 007

解开自民党分裂之谜——三个要点 / 009

未能充分"燃烧"的竹下政府 / 014

昭和政治权力游戏中最精彩的地方 / 015

"自社先"联合政府失去政策上的对立关系 / 016

与旧制高中毕业的一代人同时消失的默契 / 017

第二次世界大战后建立民主主义的人们 / 020

因过度庞大而破裂的派系 / 021

金钱决定一切派系政治 / 024

金丸和田中的派钱法 / 026

政治学者见证了内阁诞生的幕后 / 027

饱受"政府更迭"之苦的日本国民 / 030

小选区制不适合日本 / 032

支持安倍是因为对政治冷漠 / 035

年轻议员的培养体系已经消失 / 038

扮作"政策通"的政治家的失误 / 040

议员的公开招聘制度是错误的 / 042

"都民第一之会"的违和感 / 043

不敢让国民吃苦药的民粹主义 / 044

年轻政治家应该发挥他们的"说服力" / 046

重新评估桥本首相 / 048

彻底的和平主义幕后操盘手 / 051

宫泽首相的历史性作用 / 052

为什么社会党会无路可走 / 054

民主党政权因排斥官僚而出现混乱 / 056

鸠山政府被美国政府误认为"反美" / 057

使社会党辉煌一时的独特面孔 / 060

民主党的"班会式民主主义" / 063

在野党应该进行培训和政策学习 / 065

公明党与其支持者之间存在意识上的细微差别 / 066

浑然一体的自民党和公明党 / 068

小泽一郎的破坏欲 / 070

从外部看平成时代的日本政治 / 072

21世纪20年代日本政治应有的姿态 / 075

选举制度如何改善监管与制衡 / 077

在野党、选民和媒体都需要改变意识 / 079

第二章　从党主导到官邸主导 | 083

收获了桥本改革成果的小泉政权 / 085

更改决策过程会改变决策本身 / 088

对"首相主导"的强烈抵制 / 091

自民党的智慧 / 094

写着"在此基础上"的文件是不会实施的 / 096

是官僚的抵制推翻了第一届安倍政权吗 / 097

官邸掌握所有官僚的信息——内阁人事局的功与罪 / 100

摆脱政府依赖型经济 / 104

"后小泉时代"的巨大反弹 / 105

执政党和在野党达成一致，才能进行社会保障改革 / 107

第一届安倍政权的"抑郁" / 109

福田首相别具一格的诙谐没有被理解 / 111

无法做出职业规划的政治家 / 112

"族议员"对改革到底有多认真 / 113

围绕税制的地盘之争 / 115

官僚进行"忖度"是理所当然的 / 117

人才远离政府机关的原因 / 119

政府官员扭曲的自尊心 / 122

喜欢维持政策现状的经济产业省官僚 / 123

安倍经济学无法制定长期政策 / 125

伴着痛苦的改革是因为选举太多 / 127

经济有变化，制度却没有改变 / 128

年青一代要主张"青年民主" / 130

改革热情减弱了吗 / 131

打包解决政策问题 / 133

重新评估政策决定流程 / 134

"行业法规"无法应对的时代 / 135

年青一代应该制定"新规范" / 137

第三章　从政治学和地方的视角出发 | 141

在"消费税选举"中拉开帷幕的平成政治 / 143

自民党单独执政的终结 / 145

小泉政权凭借"党魁评价"赢得选举 / 147

无法预测谁会成为首相的时代 / 148

舍弃了"民主党"这个名字的民主党的罪过 / 150

竹下的参议院派系化目标 / 152

没有着手解决难题的小泉政权 / 154

民主党政权把巨大的期望变成了巨大的失望 / 156

鸠山先生这个人值得分析 / 158

安倍政权虽保守却左倾 / 159

选民根据有限的线索决定投票给哪个候选人 / 162

网络的出现使媒体变得多元 / 163

掌握地方政治的四个要点 / 165

地方议员拥有超越国会议员的力量 / 166

规避人口减少问题的国政 / 169

复兴旗手——熊本熊 / 172

熊本地震后的复兴计划 / 173

呼吁"负担最小化" / 176

"没有熊本城的恢复,就没有熊本地震后的复兴" / 178

累积了灾后经验的平成时代 / 179

关键词是"创造性复兴" / 181

能够"转祸为福"的领导力 / 182

在政府机关,"心"比组织更重要 / 184

自然灾害频发的国家应有的姿态 / 187

终　章　从平成时代思考今后的日本 | 191

从"培养政治家"的角度思考选举制度 / 193

难以批评下属的社会弊病 / 194

将有才干的人吸引到政界 / 196

政治谱系已经消失 / 198

如何向国民阐述"痛苦" / 200

官邸工作人员任期过长 / 202

"为了首相"——危险的旗号 / 204

平成的政治中参议院发挥了妙用 / 206

老年民主能否修正 / 207

听取年轻人的不满,使之成为"争论点" / 209

重要的是政府与官僚之间的微妙平衡 / 210

将会出现"生命差别"时代的重大课题 / 211

后　记 | 215

序章 对谈缘起

平成时代即将结束。能够见证平成时代的终结，心里颇有感慨。于是，在和芹川洋一谈话的过程中，我决定要出版一本讲述平成时代这30年的政治的书。话虽如此，但笔者和芹川已经出过两本对谈录。在思考如何使本书比之前的两本内容更充实时，智者芹川提出找三位特别的政治评论人，做成三人访谈录。事情当场就定下来了。

问题是该找哪三个人？这三个人必须是笔者和芹川都熟悉的人。本以为此事会陷入僵局，没想到杰拉尔德·柯蒂斯、大田弘子、蒲岛郁夫这三个名字立刻浮现出来。他们当中有一直从日本以外的世界观察日本政治的，有具有长期从事日本财政金融研究的丰富经验的，有作为政治学者和政治家并被称为"讲述地方政治第一人"的。转眼之间，就决定下来与这三个人访谈了。

第一位专家杰拉尔德·柯蒂斯先生，是40年前笔者开始学习日本政治的时候，由已故的佐藤诚三郎先生介绍认识的。柯蒂斯先生因为《议员的诞生》一书成为当时的话题人物。不过，2018年9月末之前的10年间，作为TBS电视台《时事放谈》①的主持人和嘉宾，笔者与柯蒂斯先生有了更亲密的交往。一到日本政治的转折点，柯蒂斯先生就会来日本。他总是清晰而又毫不吝啬地讲述他的独到观点。

第二位专家是大田弘子女士。20年前，她参与建立政策

---

① TBS电视台指日本东京放送，日本五大民营无线电视台之一。《时事放谈》是TBS电视台的座谈节目，1957—1987年每周日早晨播放，以政治为主题。

研究大学院大学，我们就学科结构进行了讨论，并共同指导了公共政策专业的第一批学生。至今仍活力充沛的她，在那之后进入了政府，甚至担任过大臣。笔者很早之前就请她做过"大田弘子式"的口述历史，那也是令人怀念的回忆。

第三位专家是蒲岛郁夫先生。20世纪90年代以后他做政治学者时，笔者同他常有接触和交往。他是一位既精通美国式政治学，又熟知日本式政治流程的人。在积累了丰富的经验之后，他从东京大学教授转身成为故乡熊本县的知事，已经过了数年光阴。在蒲岛从政期间，由于熊本地震的发生，作为"熊本恢复、复兴专家会议"的座长代理，笔者也现场参与了行政复兴。而且，笔者工作的东京大学尖端科学技术研究中心和熊本县及熊本大学达成了一系列合作协议。

与这三位专家的访谈非常愉快而有意义。和前两部作品相同，我们邀请《时事放谈》的制作人石塚博久先生一同出席，他对访谈的流程进行了出色的调整。

因着一起上三谷太一郎老师的讨论课的缘分，我和芹川洋一合作出版了三本书。三谷老师看到这本书会有什么样的表情呢？现在只希望老师能忘记过去，笑着收下这本书。

御厨贵

2019年1月

第一章 政治改革的功与过

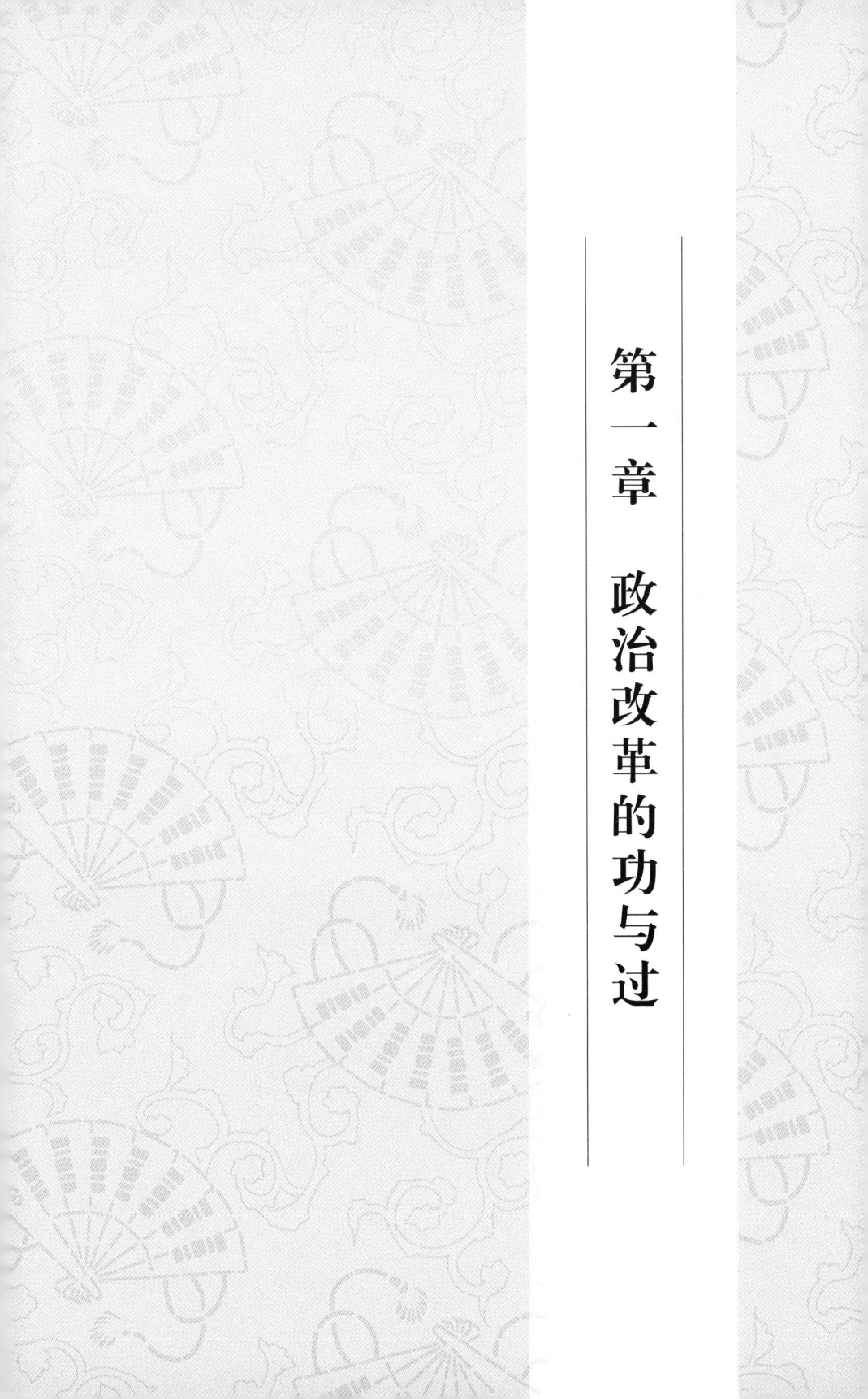

平成之初，谁是幕后操盘手

芹川洋一：回顾平成时代这30年，自由民主党（简称"自民党"）发生了很大的变化。我认为起因是1988年的利库路特贿赂案。

当初，人人都认为1987年上台的竹下登内阁将会是一个长期政权。因为竹下登内阁是由首相中曾根康弘提名上台的，而竹下派是党内最大的派系。然而，发生了利库路特贿赂案。竹下先生、安倍（晋太郎）先生和宫泽（喜一）先生等人从利库路特公司收取了非上市股份，引发了一系列政治改革。1988年末，宫泽先生辞去大藏大臣职务。此后不久，《消费税法》颁布。1989年4月，竹下先生宣布下野；6月，宇野宗佑内阁上台。

1992年，"佐川急便事件"发生，金丸（信）先生的"金条"言论遭到社会舆论的严厉批评，最终导致自民党于1993年失去政权。

其后，自民党在选举中落败，自民党以外的八党联盟组成的政权——细川护熙内阁诞生。1994年1月，细川先生与当时的自民党总裁河野洋平先生在一个雪夜举行了党魁会谈，在政治改革议题上达成一致，通过了与政治改革相关的一系列法案。

由此，伴随1996年引入小选区制以及实施《政治资金控制法》，所谓的资金流也开始发生变化。结果是，派系不断分裂，由派系构成的自民党变成了由一个个议员构成的组合体。

御厨贵：竹下内阁之前的中曾根政府，是一个执政时间长达5年的长期政权。此前的长期政权是佐藤荣作内阁，其任期是7年8个月。此后，"三角大福中"（三木武夫、田中角荣、大平正芳、福田赳夫、中曾根康弘）相继就任首相，其中只有中曾根一人执政5年。

在中曾根之前的几届政权，出于种种原因，都在一年半到两年的时间内倒台了。但是，中曾根政府解散了日本工会理事会，走"战后政治总清算"路线，彰显出政治实力，甚至实施了"装死解散"①。

当时有一种想法是，自民党政权将一直持续下去，"三角大福中"之后的首相将会依次为"安竹宫"，即安倍晋太郎、竹下登和宫泽喜一。

当时的自民党主流，特别是中曾根周边的人都认为，自民党在20世纪90年代的10年间继续执政不会有问题。过去预想的继任者有5人，后来有3人，虽然这个数目似乎太少，但是在20世纪90年代稳定执政没有问题。因为今后的执政期为5年，安倍和竹下两个人共计10年，而宫泽会在此期间因年龄增大而失去机会。（笑）但是，利库路特贿赂案导致预期落空，种种预料之外的事情随之发生。

在平成时代初期，谁是幕后操盘手一目了然。一开始是竹下先生，中间有一段时间是小泽一郎先生，然后又是竹下先

---

① 解散国会，举行了参众两院同日选举，带领自民党取得压倒性胜利。

生，而竹下先生提名桥本（龙太郎）先生和小渊（惠三）先生之后，手中便再无牌可打。

以前的政治都是相似场景的重演，由幕后操盘手提名继任者。但现在情况完全不同，没有继任者可以提名了。

竹下先生控制住了政治舞台的台前幕后，所以他能够以卸任首相进行讨价还价，使消费税法案和预算得以通过并实施。虽然现在谁也无法在幕后讨价还价，但从昭和时代结束到平成时代初期的政治状况是，人们有一种梦想：今后的政治会带有昭和的印记，不会变得完全不可控，通过政治资金改革使政治变得"干净"之后，还能够恢复到原来的运行模式。

解开自民党分裂之谜——三个要点

杰拉尔德·柯蒂斯：最大的谜团是1993年自民党分裂。第二次世界大战后的自民党历史是一连串丑闻的历史。虽然之前也曾发生过许多重大丑闻，但自民党没有分裂。即使出现分裂危机，也只是新自由俱乐部的河野洋平等五六个人分离出去，最后以失败告终。即使发生"大福（大平正芳、福田赳夫）战争"等派系斗争，自民党也没有分裂。为何到了1993年就分裂了呢？这是第一个要点。

我认为环境上的三大变化是解开这个谜题的重要因素。第一点是冷战时代结束，第二点是经济泡沫破裂，第三点是自民党党内强大的第一代领导人不复存在。这三个因素共同作用，形成了一个全新的政治环境。

首先看第一点，冷战时代结束。所谓的"保（守）革（新）"冲突的最大争议是《日美安全保障条约》，这是外交上的问题。在此之前，在野党一直以日本会被卷入美国和苏联的战争为由反对安保条约。

到了20世纪90年代，小泽一郎先生在国会上看到坐在对面的在野党议员时，开始觉得他们并非与自己的政见完全相左，认为如果自己离开自民党，是可以与他们一起组织政权的。新的形势是：社会党①、公明党、民主社会党（简称"民社党"）三足鼎立，各党都可以成为执政的合作伙伴。在此之前，无论党内有多大争议，都不能离开自民党，这是因为党外没有可以合作的对象。

因为我与三木首相关系比较近，我听过许多当时所谓的"推翻三木"的内幕。三木先生身边的国会议员坂本三十次先生等人提议离开自民党，另建新党。国弘正雄（时任三木政府的外务省参与，类似于顾问）等人也致力于推进此事。但是，三木先生是一个现实主义者，认为这种做法不会成功，如果与社会党合作，日美关系将会遭到破坏。最终，三木先生没有脱离自民党，而且也没有辞职。我觉得他能做到这些非常厉害。（笑）

当时，福田先生和大平先生来到首相官邸，要求三木先生辞职。就在这之后，我和三木先生通了电话。

那时，我住在东京都港区白金台的东京大学宿舍，房间里有一部投10日元硬币就可以通话的红色电话。三木先生通过

---

① 社会党于1940年11月成立。1996年4月，社会党改名为社会民主党，简称"社民党"。

国弘先生给我带来消息说:"有很多记者在我家,你来了不方便,所以我们电话里谈吧。"

我投了10日元硬币打电话,开始以为只是寒暄。可三木先生说:"今天福田和大平来了,说要我辞职……"于是,我又拿出10日元投进去。

话很长,还没说完,10日元硬币的通话时间很快就要用完了。我不能说"首相,这10日元用完后,我重新再打给您",所以我在衣柜里的西装和裤子里翻找硬币。太太也把手提包翻遍了,翻出来好多10日元硬币,让我们能够继续交谈。我和太太堪称完美的配合。(笑)

三木先生当时说的话让我终生难忘。福田和大平说:"党内没有任何人支持你,所以你现在应该退出。请务必辞职。"

三木先生的回复是:"自民党选了我做总裁。如果想让我辞职,可以召开参众两院议员大会让我辞职。是国会,而不是自民党让我成为首相的。如果想让我辞职,请提交弹劾案,这才是宪政的常规做法。但是,如果通过弹劾案,政权将会倒台,到时我会考虑采取相应的行动。可能会解散国会,也可能组建新党。如果你们还是想要我辞去首相一职的话,请到国会去吧。"

福田和大平两人都很惊慌,忙说:"不,我们不会那样做。"换句话说,即使做了那么多想要推翻三木政权的工作,他们最终还是为了避免自民党分裂而放弃了,主要原因就是当时处在冷战时期。

所以,当1993年小泽先生看到在野党中也有人可以共同组建政府，他认为这种形势的变化至关重要。

第二个重要因素是经济泡沫破裂。此前，即使日本经济遭遇石油危机等困境，都能通过听取官僚的意见、实施稳妥的管理，让日本一直保持良好的经济状况。可以说，这要归功于自民党。

但是，20世纪90年代经济泡沫破裂，国民十分愤怒，大家认为是大藏省①的官僚和自民党造成了这样的局面。脱离自民党，与在野党合作进行政治改革，首次被视为一个明智的选择。

第三个重要因素是，那些创建自民党的从第二次世界大战前开始从政的高手们离开了政治舞台。他们经验丰富，既能笼络一批旗下子弟一般的政治家，又有聚拢资金的能力，是非常资深的政治家。

那个时代的政治家，即使知道有触犯法律的风险，但只要下定决心，也会付诸行动，并且认为高明的政治家就是要能够做到这一点。竹下先生是属于这个时代的最后一位政治家，堪称"最后的武士"。这些政治家口中所说的"政治"，并非政策，而是如何通过各种手段在权力游戏中获胜，汲取官僚的意见并高明地协调各方面关系，就可以把政治做得很好。但现在再也没有这样的政治家了。

第二代和第三代的政治领袖缺乏这样的胆量。他们担心如果做了触犯法律的事情且败露的话，将无法善后。但是，此前

---

① 日本的中央政府财政机关，主管日本财政、金融税收。

的政治家前辈们能够知难而上，并且乐在其中。在这一点上，两者有着巨大差异。

现在回想起来，这也是一种必然。现在能够这样操控政治、有这种胆量的人几乎不复存在了。这标志着时代的变化，也意味着日本的政治已经发生了根本的改变。虽说这种领袖政治体制的崩溃是日本作为一个发达国家必须经历，但问题是，直到今天，各个政党都仍处于摸索之中，仍未能思考清楚冷战后的政治应该如何运作，仍未能向选民们指出新的方向。

御厨贵：柯蒂斯先生谈到，三木先生曾提到过"总（理）[①] 总（裁）分离"，这一点很有趣。后来，在大平和福田对立时，中曾根先生也提到过这一点。看来最初的起源是在三木先生那里。三木先生知道议会内阁制度与政党制、首相与总裁的不同。此后即使"总总分离"的争论持续了一段时间，自民党也一直是执政党，我想正是因为有这样的政治智慧。

另一个有趣的事情是，三木先生表示，无论如何，他都不会分裂自民党。这可能也是岸信介误解三木的地方。当初自民党内部派系结盟时，岸信介无论如何都不想让三木加入，我们可以在岸信介的回忆录中看到相关记录。他认为，"不知道三木会做出什么事来。一旦有什么事，三木就可能会离开自民党。他虽然一直跟随自己到最后，但在安保争议时还是不出所料地缺席了。弟弟（佐藤荣作）任命三木为外相是一个巨大的错误"。岸信介说自己讨厌三木，不信任他，而且没想到三木会一直留

[①] 指内阁总理大臣，即日本首相。

在自民党。

未能充分"燃烧"的竹下政府

杰拉尔德·柯蒂斯：另一个有趣的插曲是，为什么被认为将是长期政权的竹下政府会迅速倒台。这不是由于利库路特贿赂案，而是由于引入消费税导致支持率下降。简而言之，我认为，如果不实施消费税的话，竹下政府是可以挺过利库路特贿赂案的。竹下政府是因为这双重的打击才倒台的。

竹下先生离任三周后，我去了位于世田谷的佐藤荣作的故宅拜见他，其间我们谈了许多。他说，虽然执政期意外的短暂，但这也是没有办法的事情。时代在改变，自民党也必须改变，他自己是在政治转型期担任了首相。以前本是理所当然的事情，现在却不被允许。但是，他自己做了应该做的事情，那就是引入消费税，他很欣慰自己做到了。

芹川洋一：竹下先生是想说他到了转型期吧。此后，一直有关于竹下再度上台的论调。这是因为政权短暂，竹下先生未能充分"燃烧"吧。田中角荣、福田幸夫和竹下登都是如此。

杰拉尔德·柯蒂斯、御厨贵：的确如此。

芹川洋一：从某种意义上来说，没能充分"燃烧"的人对不起自民党。（笑）"对不起"这个说法可能不太恰当。不过如您所讲，他们作为政治家还是很有能量的。

御厨贵：我认为这是一种巨大的能量。

芹川洋一：自民党的这种能量，从20世纪90年代开始就消失了，尤其是到了21世纪。

昭和政治权力游戏中最精彩的地方

杰拉尔德·柯蒂斯：在大平和福田竞选总裁时，竹下是组委会主席。

芹川洋一：是的，他当时是自民党全国组织委员会委员长。

杰拉尔德·柯蒂斯：总裁选举后的第二天，我去（长田町）TBR大厦的办公室见竹下先生。那是第一次由普通党员投票的总裁选举。他有些激动地笑着对我说："福田先生自以为有很多国会议员支持，一定会获胜。但是，我以自民党全国组织委员会委员长的身份，动员了各县的田中派和大平派的选票。掀开盖子一看，结果是……哈哈哈哈。"

如今（自民党）所谓的"组织票"的数量很少，全靠公明党的支持。但是，对于当时的那些政治家来说，可以运作组织票是政治的一大乐趣。对于竹下先生来说，那次总裁选举，不是大平胜了、福田输了让人高兴，而是"我赢了"的这种感觉让人高兴。这就是那时候的置身于党派中的政治家。

芹川洋一：福田先生以为自己会获胜，所以说了不该说的话——"落败者应该隐退"。结果，他自己落败了。

御厨贵：造化弄人，有些话本来不说为妙。

芹川洋一：这样的悲喜剧也正是政治游戏的有趣之处，或者说是精彩之处。

杰拉尔德·柯蒂斯：所以，看的人也觉得很有趣。

芹川洋一：我当时是派系记者，对我来说，采访是很有趣的事情。但进入平成时代以后，一切就变得不同了。

"自社先"① 联合政府失去政策上的对立关系

芹川洋一：的确，如柯蒂斯先生所说，自民党分裂有三个重要因素。那么，还有其他因素改变了自民党吗？

御厨贵：社会党在联合政府里与自民党结成伙伴关系，这是一件难以想象的事情。这样一来，除共产党以外，所有政党都有了一次执政经验。

参与执政的社会党接受了《日美安全保障条约》，也承认了自卫队，舍弃了唯一的标签。当时，社会党中央执行委员会争论得非常激烈。当反对声很大时，村山富市先生就站出来说："如果你们这么反对，我会立即把首相职位交出。"然后，大家就不出声了，毕竟他们好不容易才能参与执政，所以就舍弃了自己的标签。

然后，正如柯蒂斯先生所说，日本再也没有什么让政党之间针锋相对的事情了。现在是自民党接近社会党，社会党也接近自民党了。政策上的对立关系已经消失，这一影响很深远。

社会党在自民党之前被毁掉了。结果，正因为有像社会党这样的政党，才显出自民党的出色。社会党是一个畅谈梦想的政党，只是偶尔会被人们接受。人们认定的是"现实要靠自民党"。现在，每个党派都只注重现实，自民党就逐渐变弱了。

芹川洋一：当"自社先"联合政府成立时，我感到很惊讶，原来自民党和社会党在幕后实际上有联系呀！那些"族议

---

① "自"指自民党，"社"指社会党，"先"指先驱新党。

员"中,如果自民党是"表族",那么社会党就是"里族"。

所以,在许多地方,包括邮政改革问题上,他们都有联系,就像在国会对策委员会里,社会党左派和竹下也有联系一样。因此,当"自社"在一起时,并没有什么违和感。

御厨贵:在幕后有联系才有意义,摆到桌面上就什么都不是了。(笑)

芹川洋一:没错。

杰拉尔德·柯蒂斯:我认为,引起改变的另一个因素是人们价值观的变化。过去,人们一直认为日本是一流的经济(实力)、三流的政治(体制)。但其实只要经济是一流,政治是二流或三流都可以接受。现在,这一点发生了变化。

20世纪80年代,日本成了超级经济大国。我认为普通民众开始对一些国家的腐败政治感到羞耻。到了20世纪90年代,经济泡沫破灭,如果日本在经济上也沦为二流国家,那就无可救药了。所以,人们对政治的要求发生了很大的变化。这些因素都凑到了一起。

芹川洋一:确实有这种感觉。到20世纪90年代,日本的经济似乎仍然是一流的。但到21世纪初,日本的经济变成了二流,人们甚至开始觉得经济已经变成了三流。年纪大的人的感悟可能会有所不同,但年青一代就是这样认为的。

与旧制高中毕业的一代人同时消失的默契

御厨贵:听了柯蒂斯先生的话后,我想到的是,从20

世纪 90 年代起，官僚的腐败问题开始浮出水面。在利库路特贿赂案中，官僚受到的冲击比政治家还大。文部省这种通常不会发生此类丑闻的地方，也有次官（相当于副部长）一级的人受到牵连。紧接着，负责金融机构的大藏省官僚也被发现出入有超短裙、无底裤店员的高级火锅店并进行了公款消费。

人们经常说，日本的官僚非常廉洁，事实也的确如此。在此之前，支撑政治的正是日本的官僚制度。这是在 20 世纪 80 年代被哈佛大学教授傅高义誉为"世界之冠"的官僚机构。

但是，日本引以为傲的官僚机构遭受了抨击。为了改革官僚机构，政府进行了行政改革和各部委机构的重组。但实际上，问题的根源并不在这里。

芹川洋一：1990 年左右，旧制高中毕业的一代人退休了。从此，诸如道德和志向之类的教育就逐渐变弱了。我认为，我们这一代，即接受第二次世界大战后教育的一代，在这一点上，与那些在旧制高中接受教育的人有所不同。

1922 年，山县有朋去世。至此，领导明治维新的一代人全都不在了。我有时想，在旧制高中接受教育的一代人退休后，就发生了类似的情况。

御厨贵：旧制高中毕业的一代人之间，有着比我们想象的更强的关系纽带。首先，池田和佐藤这两个内阁都是五高[①]派。现在去熊本大学的五高会馆，会发现这里培养出了日本银

---

① 1887 年在熊本设立的旧制高等学校。

行总裁、大藏省次官等风云人物，他们之间有着牢固的关系纽带。池田内阁里有五六位来自五高，所以被称为五高派。

芹川洋一：原来是这样。我记得池田内阁曾在熊本举行过一日内阁①。

御厨贵：称之为五高派并不是说他们做了什么坏事，而是说这些人之间有默契，无须多说，他们也能够互相理解。在经济增长的时代，旧制高中出身的人之间的纽带支撑着日本政治，而官僚机构则支持着这种纽带关系，所以一切得以顺利运转。在中曾根政府时期，这种机制因为这些人的离开而结束了，这是一个很大的问题。

我在做口述（历史）时听过一件有趣的事情。一位从事港湾相关事务的局长说："新潟有一件非常棘手的港湾工作，全靠上面的一句话就解决了。"当我问到"什么是上面的一句话"时，他的回答是："当时（大藏省）主计局长和我是同时参加工作的。我的属下说一定要通过此人才可，所以我给他打电话说'那件事你要想想办法'，但并没有说'那件事'是什么。然后他说，'是啊，今年之内一定要做是吧。好，那我就办了'。"然后，问题就解决了。

芹川洋一：这不是忖度吗？

御厨贵：不是忖度，是默契。忖度更低级一些，而默契不会让其他人为难。所以，当时是存在这种默契的。

芹川洋一：就是说，他们当时有一种共同的语言。20世

---

① 关于国政的公开听证会。

纪90年代,进入平成时代是日本社会的转折点,这种共同语言或者说默契就消失了。

御厨贵:不断地在消失。

芹川洋一:曾经在经济界和政界之间的默契,在议员和官僚、企业家之间的默契,都消失了。

第二次世界大战后建立民主主义的人们

杰拉尔德·柯蒂斯:旧制高中派的存在确实很重要,但是,有第二次世界大战前经历的政治家的存在也很重要。因为保守派领导人见过20世纪30年代军国主义影响下的日本,他们有着非常复杂的想法。

中曾根先生和后藤田正晴先生等人都是有第二次世界大战前经历的政治家,虽然是保守派,甚至从某种意义上说,倾向于右翼,但他们对军人有强烈的不信任感。所以,我认为,领导第二次世界大战后日本政治的第一代保守派政治家,具有强烈的使命感,绝对不会重复第二次世界大战前的错误。

当然也有些纯粹的右翼认为,日本在20世纪30年代的所作所为是正确的。但是,第二次世界大战后主流的政治家,即使是保守派或鹰派,也绝不会与20世纪30年代的那些军人携手。我认为,这对于在第二次世界大战后建立民主主义至关重要。

而且,那些出身于旧制高中的人,有着良好的修养,也爱读书,和现在的政治家,特别是现任美国总统不同,(笑)他们都读书。

以前和政治家在一起，不仅能学到新鲜的政治知识，而且还能学到日本的文化和历史。政治家们大多学识渊博，并且对哲学有兴趣，大平先生、中曾根先生都是如此。以前有很多这样的政治家。

芹川洋一：宫泽喜一先生也是如此。我采访过宫泽先生，但我有时不知道宫泽先生说的事情，只能说："嗯？"然后他说："哦，你不知道啊！"谈话就结束了。因为素养不够，谈话不能继续下去，我真的很惭愧。他是一位非常有文化素养的人。

杰拉尔德·柯蒂斯：大平先生只要有一点时间，就会读书，我常听加藤纮一先生这样说。

芹川洋一：我也采访过大平首相。那时还不是五天工作制，大平先生常在星期六下午去书店，然后买五六本书，我亲眼见过。最近的首相有时也会做这种事（在书店购买书籍），但那是在作秀。

御厨贵：20世纪90年代以后的首相中，就没有这样的人了。

因过度庞大而破裂的派系

芹川洋一：我们顺着这个方向接着谈谈政治家派系吧。我觉得在这一点上，必须谈到自民党的派系问题。

我认为平成时代和昭和时代的分水岭是派系。以前有五大派系，在派系领袖手下聚集了很多政治家，现在这一情况已经有了很大的不同。

我去采访时发现，所谓派系，最重要的是靠钱来维系。派系收集到资金后，会分配给派内的普通议员。在我负责采访的宏池会①，常有年轻人突然来到办公室，之后便离开，很明显是领了钱后回去了。我亲眼看到派系里的一个干部去国会干事长办公室拜见田中六辅干事长，并领取了一个信封。

还有选票，有的派系会与某些组织有关系。再就是职位，在内阁组阁时，派系领袖会在与首相进行交涉时拿出名单来要求分配职位。

如果派系破裂，没有钱收进来，那么派系和社会上一些组织的关系也就无法维护。尽管本来还有少许职位可以用来交涉，但在小泉（纯一郎）执政后也终止了。所以，从派系的角度可以看到一些不同的东西。

御厨贵：20世纪70年代的佐藤荣作内阁时期，派系大致成形。后来的"三角大福中"时期，是派系政治的鼎盛时期。当时，我们看到的是一个个小而有趣的派系。换句话说，只要进入某一派系，就不会被别人疏远。所以，当时大家都觉得，不加入派系的人很厉害，竟然可以单打独斗。

不能单打独斗的人会加入派系。派系会为他们安排好从政的路径，使他们能够预见自己的政治前景，按当选次数多少，得到相应的职位。能干的人可以走快捷通道，不是那么出色的人也可以逐步登上大臣职位。当然，这种制度也受到过批评，但派系带来的政治稳定性是毋庸置疑的。

---

① 日本自民党内派系之一——编者注。

然而，派系是不断"运动"的。它的有趣之处在于，不会始终保持在一个适当的规模，某个派系从某个时间开始会急剧膨胀。首先是田中派，田中角荣在自己卸任首相后仍继续扩大派系。自己派系里的人越多，越容易控制政局。田中不断扩大自己的派系，同时其他派系也在扩大。

但是，竹下先生认为，如果规模超过一定水平，就做不到让每个人都幸福。意识到这一点的年长者是竹下先生，年轻的是小泽一郎先生。但是，竹下派的人数仍在不断增长。

我至今仍然记得当时小泽先生说的话。"这样下去的话，不只是自民党可能会超过300人，仅竹下派就可能会超过200人。这样的话，派系将无法维持下去。"小泽先生认为，如果一个派系超过200人，就会有一半的人产生不满和怨言。这个问题可以通过拆分竹下派来解决，建立一个以竹下派为中心的A党和B党，通过两党轮流执政来消除不满。小泽先生自己可以在B党。如之前柯蒂斯先生提到的，当时小泽先生看到了可以和在野党联手这一点。这就是小泽先生能够一度成为幕后操盘手的原因。

派系有一种规模效应。但是，这种规模效应不能一直维持下去，派系归根结底是一种生物体。这就是20世纪90年代大多数派系瓦解的原因。

还有一点就是，有一个像清和会这样的非主流派系或者说是反主流派系，在福田康夫之后没有出过首相，但在2000年以后迎来全盛期。

芹川洋一：小泽先生曾提到过200人体制。国会一共有近

800名议员，如果自民党占一半，即有400人的话，控制了自民党400人中的半数，即可以控制自民党，从而通过自民党的人数优势控制国会。也就是说，一个派系有200名国会议员，就可以统治这个国家。的确有道理。但是，这样做以失败告终了。

御厨贵：就像青蛙的肚子，胀得太大，最后"砰"地一声爆了。

金钱决定一切派系政治

杰拉尔德·柯蒂斯：御厨先生也说到，派系政治形成了一种体制。例如，选举中赢了六次的人，无论是否有能力，都能当上大臣，哪怕只当六个月大臣，也可以再次赢得选举。体制决定了这样的晋升路径。再就是，当时的派系似乎认为有了金钱，就有话语权，所以派钱的能力被视为派系领袖最重要的能力。

在中曾根内阁时期，（我的老朋友）佐藤文生先生被任命为邮政大臣。当时，我与他在天妇罗店吃饭，向他表示祝贺，他却说："我虽然高兴，但大臣很难当。我要通过派钱来向派系的前辈们表示感谢，但弄钱太辛苦了。派系里有一个前辈索要很多钱，我没办法，不得不给，但真的讨厌到再也不想见到他的程度。"

当上大臣后，不仅要感谢自己的上级，还要感谢派系里的所有其他上层议员。这是一个现在难以想象的时代。

刚刚提到的田中派系，因为太大而分崩离析了。其实，最大的原因是，田中派决定不再选派人出任首相，而金丸和竹下为此做出了反击。

这是我从当时在场的田中派众议院议员那里听来的。1985年,创政会(竹下派)建立。在此之前,1984年圣诞夜,大约12个田中派议员聚集在筑地的高级日式酒家"桂"。当时,金丸说:"虽然这个派系有很多能人,但这十年来,田中先生一直不肯派人出任首相,我们差不多该让竹下成为首相了。"他还问小泽、桥本、羽田和额贺等出席者对此是否有异议,没有人反对,所以他们做了血印盟书。这简直是像历史剧一样的政治。

然后,第二年2月事情败露,三周后田中病倒。田中时代就此结束,竹下时代开始。但是,竹下时代出乎意料的短暂。此后的混乱状况一直持续到2012年安倍先生出任首相。

就这样,原来的派系政治消失了。派系政治有许多不好的方面,所以我不会说它应该保留。但是,作为一种政治体制,它也有值得肯定的地方。特别是在当时在野党很弱、一党独大的情况下,这种体制能够带来党内竞争,这一点值得肯定。

芹川洋一:我从加藤纮一先生那里听说,在1983年12月举行的众议院选举中,他第一次向一些人分别派了20万日元,很高兴能成为政治家。换句话说,如果不能派钱,就不能成为派系领袖。

当时有很多研究会,比如藤波(孝生)先生的新生俱乐部。如果成为这些研究会的成员,就能在选举期间获得30万日元或50万日元,当然,是从派系那里得到的。所以,能够派钱是成为领袖的第一步。

金丸和田中的派钱法

杰拉尔德·柯蒂斯：竹下先生刚卸任首相时，我去他家拜访他，听到过另一个好故事。竹下先生说："柯蒂斯先生，我来告诉你金丸和田中在派钱方法上的不同吧。"据他说，选举临近时，当议员来到房间，金丸会递给议员一个信封。议员一张一张钱数过后会说："里面确实有300万日元。谢谢您。"金丸会坐着看议员数钱，然后说："好好为我努力吧。"国会议员就会拿着钱回去。

"但是，"竹下先生说，"田中的派钱方式不同。"议员进房间后，田中也会递一个信封。当议员要数钱时，他会说："好了，好了，不用数。把钱带回去，然后好好努力吧。"国会议员回到办公室，想知道收到多少钱，心里估计大概300万日元，但摸着感觉好像更多。然后一数，里面会有400万日元或500万日元，比预想的要多。田中不让当面数钱确认，不要求感谢他，意味着他相信对方会听自己的话。所以，无论发生什么事情，议员都会支持田中。

然后，竹下先生说："柯蒂斯先生，要在日本政治中立于人上，就必须采取田中的派钱方式。"

芹川洋一：我从宇野宗佑先生那里听说过，有个叫福家俊一的人，因为要外派，所以去首相官邸向佐藤荣作领取送别的钱。首相官邸的办公桌抽屉里有装着钱的信封，佐藤先生把手伸向抽屉时，福家先生说："首相，下边，下边，再下边。"（笑）大家都知道第一层放的是100万日元，越往下，信封里的钱就越多。当时,有好多这样大手笔派钱的故事呢。如您所说,田中这个人派的钱会比人们预期的更多。

杰拉尔德·柯蒂斯:太厉害了。

芹川洋一:要比行情高一些,这一点很重要。

政治学者见证了内阁诞生的幕后

杰拉尔德·柯蒂斯:派系制度的另一个特点是,在组建内阁时能够平衡派系关系。海部先生出任首相的时候,是竹下先生与小泽先生一起组阁的。

芹川洋一:还有金丸先生,一共三个人。

杰拉尔德·柯蒂斯:那时,我去见竹下先生,刚好碰上他们在组阁。然后,在大仓饭店的小泽先生打来电话说,他将在内阁成员中起用一个普通人,但被那人拒绝了。

当时,竹下先生告诉我,起用普通人,可以给人们留下海部内阁不是派系政治的印象,但实际上是为了平衡派系力量。他拿出一张纸,写下了派系的名称、每个派系的人数以及被分配到内阁的(大臣)职位,然后说:"柯蒂斯先生,这是东特法①。"东特法在欧洲的议会选举中经常被使用。当时,派系分配已经制度化到了用东特法组内阁的程度。但是,竹下先生说,这次使用东特法,不可避免地会多出一个职位。(笑)

---

① 最高均数法,是比例代表制投票制度下一种议席分配的方法。

芹川洋一： 所以要加入一个普通人。

杰拉尔德·柯蒂斯： 那天，小泽先生打来电话说，他问了一个人，但被拒绝了。然后，竹下先生和小泽先生就谈到日本驻美国大使松永（信雄）先生。

于是，竹下先生说："我来问。"然后，他先打电话给外务省次官村田良平先生，说："我现在考虑让松永大使担任外交大臣，外务省有什么意见没有？"（村田）回答说可以。

然后，竹下先生问我："柯蒂斯先生，华盛顿现在是几点？"当时东京是上午10点，所以华盛顿应该是晚上9点左右。于是，（竹下）对秘书说："把松永先生的电话号码拿来。"我对竹下先生说："首相，那我告辞了。"

结果，他说："你不用走。接下来的电话内容会很有趣。"于是，我就留在了那里。然后，他给松永先生打了电话，非常注意措辞，也用了敬语。竹下说，现在这个国家处于危急关头，虽然让海部当了首相，但他自己必须在后面安排所有事情。所以，为了国家，必须请最擅长外交的松永先生来担任外交大臣，等等。

虽然他很努力地劝说，但松永先生似乎没有这个想法。估计松永说他明天会打电话过来，所以竹下先生说："哦，不，您太客气了。我不能这么没有礼貌地让大使您打电话给我，明天同一时间我打给您。请和尊夫人好好商量一下，无论如何，希望您挺身而出，来拯救我们的国家。"挂断电话后，竹下先生对我说："（松永）应该不会做。"最终，（因为松永没有答应）派系的平衡被稍稍打破，由中山太郎先生担任外交大臣。

当我离开房间时，竹下先生和我一起走到电梯口。在我进电梯前，他说："柯蒂斯先生，您写过一本关于众议院议员是如何产生的书，但我今天向您展示了日本的内阁是如何产生的。"（笑）

真是杰作。

御厨贵：是的。这位竹下先生无法向其他人展示他所做的事情，但仍然希望柯蒂斯先生能看到。他展示的不是众议院议员的诞生，而是内阁的诞生。

芹川洋一：宇野内阁是"第二届竹下内阁"，海部内阁是"第三届竹下内阁"。竹下先生很想让人知道这一点，所以展示给柯蒂斯先生，这不能让日本国民看到。

杰拉尔德·柯蒂斯：对。也许能向我展示而无法向日本人展示的原因是，我是外国人，而且他也信任我，认为我不会给他带来麻烦。很多年过去了，现在我可以说出以前无法说的事情了。

御厨贵：确实不能让日本的政治记者看到。

杰拉尔德·柯蒂斯：是的。感觉竹下先生忍不住想说出他所做的事。是他让大平赢得了总裁选举，但这不能公开。

芹川洋一：这很像竹下的做事风格，就像一次击球后球返回来的感觉。

杰拉尔德·柯蒂斯：问题是这些有趣的事情都是过去的，最近的政治就很无趣了。

芹川洋一：最近根本不会出现这样的事情。所以，很无趣。

饱受"政府更迭"之苦的日本国民

芹川洋一：我想在这里说说安倍论。御厨先生曾经指出的安倍政权的"在做事的感觉"，可能获得流行语大奖呢。（笑）

御厨贵：然而，问题在于，现在甚至连"在做事的感觉"也消失了。让国民看到有"在做事的感觉"的时候，人们在某种程度上还相信，但有了森友、加计学园的问题，即使安倍先生说"我正在这样做"，人们也不相信了。从这个意义上讲，安倍内阁在某种程度上陷入了困境。

虽然如此，但为什么安倍内阁的支持率最低也能保持在30%？这是政权更迭的悖论。换句话说，当民主党能够掌权时，国民认为"自民党不行了，需要改变一次"。就跟欧洲一样，如果陷入困境，就回到保守派。这是一个好办法，因为旧政权里的沉渣可以一扫而光，新政权就能够按照当时的形势制定政策。但是，民主党政府实在太失败了。

有一部分选民，无论发生什么事情，都支持安倍政权。与其说是积极支持安倍先生，不如说是他们觉得之前投票给民主党导致了巨大的损失，他们被民主党背叛了。所以，他们现在再也不想出现政权更迭。如果以前发生了什么事的话，小选区制可以随时让政权更迭。但由于民主党政府的这次失败，这种事情不会再出现了。

以后无论出现什么情况，安倍先生参拜靖国神社也好，通过各种有问题的法案也好，即使会受到舆论的批评，也仍会获得40%—50%的人的支持。之所以其中30%的人支持安倍政权，是因为前任政府太糟糕了。这些可以接受安倍政权的30%的人成为核心，所以形势不会改变。即使在森友、加计学园问题上，有很大一部分人认为有问题。

芹川洋一：民意调查中，有70%—80%的人回答说"有问题"。

御厨贵：是否支持这个政府与是否支持它的政策和各种问题开始分离。过去，如果支持政府，就会支持它的政策。但是，从小泉时期开始，这两个问题分离了。

很多人说自己喜欢小泉先生，但认为小泉先生的政策不靠谱。当时，只有20%的人对"小泉先生的财政政策是否能让日本变得更好"的问题回答"会变得更好"，而60%的人认为"不会变好"。但是，对小泉当首相这件事，人们却都是认可的。

从那时起，首相的支持率与对个别政策的支持率开始交叉。在民主党政府时期，这种趋势已经存在。但是，自从安倍执政以来，这种趋势变得更加明显。

另一个原因是，安倍先生绝对不培养继任者。换句话说，"安倍之后仍是安倍"的时代会继续。即使有自民党总裁选举，他也不会推举任何继任候选人。相反，被视为下一任首相候补的人有很大可能不会举手同意。

所以，安倍政权是因为安倍先生的存在而不可思议地得以延续。而且，不仅安倍先生自己，在安倍先生卷土重来时一起回归的麻生先生等所有自民党的前领袖们，也一起参与了政治活动的运作，进入内阁。偶尔有人因为丑闻而辞职，也会在其他地方被重新起用。

例如，自民党的副总裁高村先生因为不再是国会议员，本应该自动辞去自民党副总裁的职位。但是，他竟然说自民党的党规里并没有说副总裁必须是议员。但实际上，因为这是理所当然的，所以没有必要写出来。（笑）

这也是安倍先生不肯让麻生太郎先生辞职的原因。如果麻生先生辞职，他自己也会失势，所以他不肯放手，这已经成为这个政权的维持工具。

芹川洋一：需要维持工具的政权真是不幸。

御厨贵：迄今为止，让安倍先生引以为荣的是外交和安全方面由他自己决策。他已经担任了多年首相，外交和安全事务属于他的专业领域，本以为他在外交方面能做得很好，但结果也并不理想。

小选区制不适合日本

芹川洋一：柯蒂斯先生对安倍政权怎么看？

杰拉尔德·柯蒂斯：虽然没有多少人称赞安倍先生是一位出色的领导人，但是人们觉得安倍先生擅长外交事务，让人放心。人们绝不希望民主党再次执政。最重要的是，人们认为一个政权长期执政比每年更换首相要好得多。虽然人们对安倍经济学的评价不高，没有多少人实际享受到其成果，但也没有其他领导人能让人们觉得值得期待。就是这种消极的支持，使安倍政权得以长期执政。

安倍先生和小泉先生不同。小泉先生的政策并非总能得到赞同，但小泉先生本人是一位非常有吸引力的领导人。而安倍先生的长项并非具有超凡魅力，只是人们觉得与政权频繁更迭相比，维持现状更安全、更放心。

但如果是这样，问题就是，在野党为什么如此糟糕？为什么没有可以与之抗衡的领袖人物出现？

一个原因在于选举制度。在创建两党制的幻想下，小泽先生和其他人强行引入了小选区制。当时，首相细川护熙先生和自民党总裁河野洋平先生都不是很愿意，但是一个错误的观念即日本政治中的不良部分、源自中选区制的观念被散布开来，而日本的政治评论家和一些政治学者也这么认为。

御厨贵：对不起，我也赞成了。（笑）

杰拉尔德·柯蒂斯：那我收回刚才的话。（笑）

御厨贵：可以写上"我正在忏悔中"之类的。（笑）柯蒂斯先生说得很正确。

杰拉尔德·柯蒂斯：认为在日本废除中选区制，引入小选区制就可以产生两党制，是一种幻想。自民党在中选区制下一党独大，但由于多名候选人能在同一选区当选，在野党也能确保席位。在小选区制下，有很多票是"死票"，在野党会变得越来越弱。自民党即使支持率没有那么高，也能取得压倒性的胜利，实现压倒性的一党执政。

但是，如果选民出于某种原因反对自民党并想进行惩戒，那么选举会像钟摆一样摇摆不定，像民主党一样还没有准备好执政的在野党会突然取得政权，这一定行不通。到时候，政权就会再次回到自民党手中,而且自民党会拥有更多席位。

美国和英国的小选区制背后的社会结构与日本不同。所以,即使采取相同的选举制,也不会产生相同的政党政治体制。在美国和英国的社会中,存在着宗教、种族和阶级上的差异和裂痕,日本社会是没有这些的。

传统上,英国有强烈的阶级意识,形成了保守党和工党对立的两大政党的政治局面。

在美国,民主党和共和党以各自不同的社会联盟为基础。但是,随着美国社会发生重大变化,人们对小选区制和两党制的不满情绪也在增加。

总之,我觉得,在日本社会中没有深层的分歧,与非黑即白的两党制相比,最好实行存在灰色区域的中选区制或者比例代表制。

一方面,在小选区制下,很难分辨执政党和在野党的区别,也不知道在野党的存在意义是什么。现在的立宪民主党很勉强地从意识形态上反对自民党,国民民主党提出令人似懂非懂的口号——"解决要靠对决",但我们根本看不出他们和自民党有什么不同。即使这些在野党能从反对自民党的人那里赢得一些选票,他们也不会获得积极的支持。

另一方面,自民党仍然是一个像百货公司一样的综合政党,试图获得选民的广泛支持。但是,在野党软弱无力,自民党会向右倾。

总之,许多政治家都知道日本小选区制存在很多问题。但是,因为他们自己就是在这一制度下当选的,所以他们并不想做出改变。如果没有大幅度改变制度的可能性，那么对于这个已经存在了20多年的制度，现在是时候考虑进行改革以使竞争原理更有效了。

在自民党的黄金时代，派系派钱、腐败等问题确实存在，但是，那时也有很多格局比较大的政治家，而现在政治家的格局都在变小，当然可能也有例外。这是政治领域的问题，还是日本社会的问题，或者是发达国家普遍存在的问题？我认为我们都必须思考。

支持安倍是因为对政治冷漠

芹川洋一：有什么样的国家，就有什么样的政治家。所以，我认为现在的选民与昭和时代的选民已经有所不同。根据数据资料，安倍内阁在20—30岁的人尤其是年轻男性中的支持率很高。这说明，在不看报纸、电视，生活在互联网上的人中，安倍内阁有很高的支持率。

在这些人看来，可能共产党更是一个保守的政党，而自民党是一个非常有创新精神的政党，自民党的安倍先生更具创新精神。对他们来说，现在的经济状况很好。虽然日本的经济泡沫破裂了，并持续了20年经济发展不景气的状态，但（目前）就业形势良好，我甚至感觉日本处于"温水煮青蛙"的状态。相反，60多岁的女性对安倍的支持率则非常低。

考虑到这些情况，我认为制度上存在问题，选民之间也存在断层。我一直认为这个国家有两种类型的日本人，50岁以上的可以被称为"日本人 A",40 岁以下的可以被称为"日本人 B",而 40 多岁的人中则是 A、B 两者都有。"日本人 A"是使用文字和看电视的一代,"日本人 B"是使用互联网的一代。

我认为,安倍先生得到了"互联网一代"的支持,却受到了文字和电视一代的批评。

御厨贵:我明白您的观点。虽然"互联网一代"很难定义,但可以说他们的特点是不考虑历史,只注重"现在"。我们这些昭和时代的人总是在思考历史,常将"现在"与"过去"进行比较。"互联网一代"不做比较,觉得现在好就可以了,这就是"在做事的感觉"受到他们欢迎的原因。

杰拉尔德·柯蒂斯:对于"互联网一代"支持安倍的说法,我持保留意见。我在"加藤之乱"①时会见过加藤纮一,了解到为什么他要做到这个地步。本来他并不打算脱离自民党,但他当时在互联网上得到年轻人支持自己的消息,所以才行动。我当时对此抱有很大的疑问,他犯了一个大错误。

但对安倍先生的支持是不同的。当前的"互联网一代"不读报纸,不看电视,自己的生活还过得去,对政治几乎没有兴趣,而且也没有其他有趣的政治家,所以没有反对的理由,认为保持现状也不错。换句话说,我认为安倍获得的支持源于国民对政治的漠不关心。

御厨贵:这是一种无规范状态。结果是,由此带来的支

---

① "加藤之乱"是指 2000 年 11 月率领日本自民党党内派系"加藤派"的前干事长加藤纮一和山崎拓等人意图逼森喜朗内阁下台,支持在野党提出的内阁不信任决议案获得通过,但以失败告终。

持是很强大的，支持率达到了30%。

芹川洋一：没错。过去，支持率会一路下滑到极低的水平，但最近不会了。森喜朗政权的支持率就曾一下子降下来，但现如今不会出现大幅下滑的现象了。

杰拉尔德·柯蒂斯：现在即使支持率降低，第二个月也会再次回升。即使由于安保法制减少了约10%的支持率，也立即能够恢复。即使有森友、加计学园问题，支持率也很稳定，降到了42%—43%就不再下降。大多数选民认定，"现在让安倍下台绝对没有什么好处"。其实，这算是一种停滞吧。

芹川洋一：过去，派系会培养下一代领袖，但现在不可能了，这一点的影响也很大。

杰拉尔德·柯蒂斯：影响确实很大。但我们不能回到过去，所以必须考虑培养领袖的新方法。

芹川洋一：与公司一样，如果不能培养出下一代经营者或者领导人，组织就无法延续下去，自民党现在就是这种感觉。

御厨贵：虽然不知道这种状况什么时候会结束，但我认为，随着平成时代的结束，自民党已到迟暮之年。

另外，在野党正在返回昭和时代。立宪民主党就如同以前的社会党，甘于做第一大在野党，国民民主党就如同以前的民社党。最重要的执政党处于被无规范支持的不可思议的状态，看不到前途。

不管怎么说，安倍时代总会结束。但是，现阶段还看不到以后会怎样，这一点很恐怖。

年轻议员的培养体系已经消失

芹川洋一：接下来，我想谈谈国会议员的问题。有种种问题被指出来，总而言之，就是平成时代的国会议员的素质大大降低了。背景是，先前提到的小选区制导致有公认候选人权力的执行部的势力增强。尤其是小泉先生在2005年进行"邮政解散"①之后，情况就很明显了。

当时诞生了83个被称为"小泉孩子"的议员。而在2009年的换届选举中，有143个被称为"小泽孩子"的议员诞生。在2012年自民党重新执政的众议院选举中，新诞生了119个议员，其中包括从参议院议员转为众议院议员的人。尤其是那些在2012年当选的人，后来第二次、第三次当选，被称为"魔之复活"②，并且人数之多令人咋舌。

另外，与中选区制也有关系。在过去被称为"族议员"的人虽然有着各种各样的问题，但也算是非常专业的议员。今天的年轻议员几乎没有专业知识。如果这样比较，可以看到当前议员的种种变化。

御厨贵：这样说起来，我也听过一些事情。有人问安倍先生："现任议会议员里会出现下一个领袖吗？通常来说，当选两三次以上的人里就有出色的人才吧。"

安倍先生说："不行啊。"当被问到为什么不行的时候，

---

① 2005年8月8日，小泉政府提交的邮政改革法案在日本国会参议院遭到否决，小泉政府遭受重创，小泉纯一郎随即决定解散众议院。
② 指因丑闻遭到批评的议员再次当选。

他说:"如果去当选两三次的议员们的聚会上看看,就知道了。以前,在参加这样的会议的时候,有些人处于中心位置,周围的人都以他们为中心,可能是一个很大的圈子,也可能是一个很小的圈子,但大致能知道谁将成为领导者。现在大家一起牵着手围成一圈。就像在说,我们都是第 N 次当选,大家好好相处吧。在这样的状态下,绝对不会出现领袖人物。"

我认为安倍先生不应该说这样的话,但他确实没有培养继任者的想法,这一点是很清楚的。

换句话说,因为在小选区选举中当选很不容易,所有当选的人要一起努力。因为没有派系,所以没有人做培养工作。竹下派曾是对新人议员教育最严格的派系,教导议员即使是最无聊的委员会也应该参加,还制作了通讯簿用于点名。这样,即使是对讨厌的事情,新人议员也能逐渐习惯。但对现在的新人可能从未做过这样的培养。整个自民党都没有做培养工作。这样,没有接受过成为政治家的教育的人会"魔之复活"。

此外,把现在的派系称为"派系"是错误的。过去,派系是流动的,有等级制度,用柯蒂斯先生的话来说,是一个体制。

现在,它不是一个体制,更像是住在同一栋出租公寓里的居民。派系领导是公寓的管理员,如果有新来的人,他会给一把钥匙,说:"就这个房间。"如果有成员要离开,他就说:"请退还钥匙。"没有指导,只是聚集在一起。

然而,在明治时代,有地缘关系派系,如关东派、东北派和九州派。大家聚在一起,有愿意为自己家乡尽力的共同愿望。现在，既没有地缘关系，也没有体制化的派系，完全是分崩离析的状态。

就这一点而言，除非有把国会议员聚拢在一起的新因素，否则这种情况将继续下去，这也是媒体的责任。媒体喜欢编制派系的谱系，但由于性质已经完全不同，不能把它当作与以前相同的派系来看待。

芹川洋一：的确如此。

扮作"政策通"的政治家的失误

杰拉尔德·柯蒂斯：以前那种派系现在已经不存在了。但是，日本的报纸仍然按照以前的眼光去看待政治，这是错误的。御厨先生说的"住在同一栋出租公寓里的居民"，是个很好的比喻。问题是，不知道接下来会发生什么。

随着选举制度的变化，由政党内部竞争产生的紧张感已经没有了。过去，自民党的"族议员"在同一选区的候选人中，A来自农业合作社，B来自建筑业，各自成为"族"并具有专门知识。尽管"族"也有负面影响，但它确实有推行选民期待的政策的力量。当今的政治家总是摆出一副精通政策的样子，但实际上没有以前议员的那种行动能力。

过去自民党的很多年轻议员聚集在一起时，我曾说过："即使您有机会在周日早晨上电视，也不要说自己对政策非常了解，不要说自己比官僚更加知识渊博。"人们并不想听这样的话。

"如果有机会上电视,首先要设想在下面的情景中说话。假设有一对夫妇刚起床,穿着睡衣喝茶或者喝咖啡,而且还没有完全睡醒,你要能说些让他们觉得有趣、让他们清醒过来的话,这才是政治家。"

我说:"公众不想听有关政策的专业话题,他们想知道为什么这对他们很重要,所以请考虑这一点。"一个自民党议员说:"老师,您说的话让我恍然大悟。"我很惊讶,这对政治家来说不是常识吗?既然是一个政治家,这种程度的道理本应知道的。我觉得自己因为说这句话而被称赞是很奇怪的。

越是想扮作精通政策的人,越喜欢使用"政治主导"这个词。决定政策的是我们政治家,而不是官僚。官僚必须像秘书一样,按政治家所说的去做。这是民主党最大的错误。但是,自民党中也有很多政治家以这样的方式思考问题。只要这样思考问题,就不可能成为真正的政治家。

小泽一郎先生是一位出过各种问题的政治家,但他做得很正确的事情是,为民主党人建立了一个私塾,并努力教导他们"什么是政治家"。

在这个私塾里,首先教的是要每周返回选区,要思考当地和当地人的利益。在当今的日本,考虑当地利益被认为是不好的做法。但是,他们首先是由当地选区的人们出于当地的利益考虑而选出的政治家。只考虑整个国家的问题和国际的问题而不考虑当地利益的人,不是真正的政治家。如果不考虑如何培养年轻的政治家,我觉得政治会更加脱离国民。

议员的公开招聘制度是错误的

芹川洋一：让人担心的是执政党和在野党的议员公开招聘制度。我不认为是公开招聘制度本身不好，但招聘的结果是，招聘的人来自外部，而不是本地。

受过高等教育，曾在哥伦比亚大学和哈佛大学留学，在外企工作，会说英语，又高大又英俊……在公开招聘中，县议会议员在投票时，可能会选出这样的人。这些人没有乡土气息，他们与当地没有什么关系，所以只能以"政策通"的噱头来推销自己。但是，他们虽然熟悉政策，但并不真正了解该地区。

即使不是公开招聘当选，比如安倍先生和岸田先生，他们就真的了解地方吗？他们从小学到高中都在东京上学，麻生先生也生活在东京。并不是说有乡土气息就好，但现在是，国会里的人都完全不知道地方上面临怎样的困境，经历着怎样的苦难。

而且，就政策而言，以前是农林业、建筑、工商业等，一个人代表一个行业，也称为一个"族"。现在是很小的选区，所以一个人要身兼数"族"。就算不是"五族共和"，也是一个人身兼三个行业或五个行业，所以结果是对各行业都处于似懂非懂的状态。我认为，这种一知半解的状态在很多方面都有问题。

杰拉尔德·柯蒂斯：简而言之，许多政治家都不像政治家。有一次，我和谷垣先生谈过，他反省说，公开招聘制度是错误的。正如芹川先生所说，有漂亮的履历的人并不意味着有资格成为政治家。尽管中选区制存在问题，但自民党的特征是，由地方议员出身的政治家和曾任次官、局长的官僚组成，而国会议员是从县议会议员升上来的。现在，许多官僚出身的政治家，也缺乏过去那种长期积累的官僚经验和人脉。

还有议员二代。这些二代的父辈中，许多来自农村选区，但他们自己是在东京长大。他们因为有父亲的后援会支持，才从农村选区当选，但是其本身与选民的联系已经减弱。所以，如何培养 21 世纪的政治家是一个重要课题。

"都民第一之会"的违和感

御厨贵：不论是安倍还是町村，清华会的官员都说他们出生于乡下。森喜朗先生也说过同样的话。但是，他们甚至连乡下的"乡"字怎么写都不知道，他们竟然还问别人有没有耕过田。后来，我听森先生周围的人说，森先生也没有耕过田。（笑）森先生的父亲耕过田，但他本人中途去了东京，也没有什么资格这样责骂年轻人。

安倍先生和町村先生等人是森先生本人指定的继任者，却对乡村一无所知，所以森先生即使从"我还知道一半呢"的立场来看，也觉得不应该。但是，现在连出来责骂的人都没有了。

标志性事件是 2017 年东京都议会选举中的"都民第一之会"。如果看当选者的背景，就会发现他们都是 IT 公司的员工和管理人员，占据了"都民第一之会"50 个成员中相当大的部分，这是异常的。这简直是"IT 第一之会"，而不是"都民第一之会"了。

当问到有什么抱负时，他们都说没有。正如柯蒂斯先生所说，他们只会说今后要讨论政策，有必要在政策中引入科学，科学的政策如何如何。他们根本不知道面对的现状是什么，但人们都投票给这样的政治家。

芹川洋一：政治家的工作是制定政策，在调整好各方利害关系后最终做出决策，但他们似乎不擅长决策。他们了解各个部分，但是不知道决策之后整体会发生什么。

御厨贵：首先，必须确定政策的优先级。就是说，虽然后面还有那件事，但要先做这件事，就要有把决策贯彻下去的力量。

芹川洋一：即使受到批评，也能贯彻已经做出的决策，这是很重要的一点，能做到这一点，才算是政治家，但是他们没有做到。

御厨贵：从民主党政权时代起就是这样。民主党总是进行"充分讨论"之后，做不出任何决策。批评民主党这一点的自民党现在也是如此。

不敢让国民吃苦药的民粹主义

杰拉尔德·柯蒂斯：观察安倍政权，尽管他从上任起一直拥有议会2/3的席位，但是，作为安倍经济学的"三支箭"之一——结构改革没有按预想推进，丝毫没有触及年金等与社会保障相关的政策，消费税问题也是一拖再拖。有2/3的席位都没能做这些事，今后也很难做到。我认为，这不仅是安倍的责任，也是日本政治社会自身的问题。

不冒险，不决定，转而向内。政治是社会的一面镜子，如果公众认为政治不好，那么他们应该照照镜子，因为国民不是政治的旁观者，而是主角。

安倍政权将在 21 世纪 20 年代结束①。安倍时代之后，一定会更新换代，年轻的政治家将会走到政治舞台的中央。

在任何人看来，老龄化和出生率低的问题都是非常严重的问题。但是，如果是老年人讨论的话，总会有抽象的感觉。因为，就算是担心 20 年、30 年后的孩子和孙子，那时自己也已经不在世了。

但是，现在年轻的政治家意识到，这些问题不只是子孙们的问题，也是他们这一代人自己的问题。最近与一些年轻有为的政治家见面进行交谈时，能感觉到他们有一种紧迫感，他们认为要比许多老一辈政治家更早行动，否则就来不及了。要实现年金、全民保险和护理体制的可持续发展，必须制定如同让人们服用苦药般的政策。如果有能够说服国民的政治家出现，日本将在 21 世纪 20 年代发生巨大变化。对此，我寄希望于年青一代。

芹川洋一：今后要考虑的不再是如何分配利益，而是如何分担亏损和负担。

杰拉尔德·柯蒂斯：在零增长、低增长时代如何进行分配？今天的政治领导人在老龄化社会中应该采取的行动以及为

---

① 2020 年 8 月 28 日，安倍晋三因健康问题辞去首相一职，提前结束了执政生涯。

根治出生率低的问题应该采取什么样的措施等问题上，一直在逃避。虽然这不仅限于日本，但日本的确也是有民粹主义存在的。虽然知道有必要说，但因为担心失去选票而不说出来。这是民粹主义的表现。

芹川洋一：我从大平首相时期开始担任政治记者。那时候我没有发觉，但是现在我觉得大平正芳先生真的非常伟大。他在1979年的大选中高呼引入一般消费税，虽然曾经中途退缩，最终也输了大选，但他一直认为征收消费税势在必行。之后，中曾根先生也做出努力，到了竹下先生才终于实现了。

那一代人都有这种韧劲，但之后的一代就没有了。结果，我们只有寄希望于年青一代了，这一点让人感到很可悲。

年轻政治家应该发挥他们的"说服力"

御厨贵：就像引入消费税一样，有些事情是要经过几代人的努力才能做到的。安倍先生最大的问题是，这种需要几代人去努力的事情，他一件都没有着手去做。从小泉先生开始，就把这些该努力的事情统统向后推了，小泉先生用"邮政改革"蒙混过关了。但是，包括社会保障和消费税在内的所有其他事项全部被推后了。人们说，他把好听的话用一句口号说出来，从而"打碎"了自民党。但我觉得不是自民党，而是日本的政治被摧毁了。

按柯蒂斯先生的话来说，如果安倍先生在任很长一段时间后出现代际交替，就像第二次世界大战后清除战犯一样，支持安倍政权的人会同时消失，那么，就要看下一代政治家在前辈全部离开后，能够努力到什么程度了。

芹川洋一：曾有过明治维新，也有过第二次世界大战后清除战犯。那么，现在要看2020年以后安倍一代全部退场时，能否期待新的局面由此展开了。

御厨贵：如果安倍先生能说出让同代政治家都和他一起隐退的话，那他就很伟大了，这样一切都会变得截然不同。然后，在河野太郎先生以后的时代，现在甚至还不为人知的年轻人才有可能意想不到地出现。毕竟，你在失去某些东西后，才能够改变。在第二次世界大战后也是如此，第二次世界大战前一直默默无闻、被认为没什么出息的人，后来却可能变得很能干。

芹川洋一：明治维新时正是如此。

御厨贵：据说，松下村塾之类的人被说得很伟大，但是聚集的那些人里实在没什么出色的人物，只不过是在明治维新后偶然成功而被抬高了，所以应该全部清除。

杰拉尔德·柯蒂斯：但是，这做起来很难，因为没有人有能力清除。现在，我感觉选民对安倍一代已经感到厌倦。所以，安倍政权结束后，接下来会有一批年轻人涌现出来。当然，并不是所有年长的人都会离开。但河野太郎先生、小泉进次郎先生和其他优秀的年轻政治家们应该勇敢起来，说出他们想说的话。

民主主义国家领导者的力量首先在于说服力，而说服力首先是要说服民众。

如果活跃在21世纪20年代的政治家能够面向国民呼吁进行大胆改革的必要性，说服国民即使改革是苦药也必须喝下，那么我认为他们将获得大力支持。现在只能寄希望于新一代的政治家们，如果他们有这种觉悟的话，未来会变得很美好。

重新评估桥本首相

芹川洋一：下面我们换个话题。在平成时代的历任首相中，您认为哪一位需要评论一下？

杰拉尔德·柯蒂斯：我在反省自己对桥本龙太郎先生做了过低的评价。我见过他几次，他是一个很难相处的人，说话有时带讽刺意味，很难让人接近，所以我没有机会和他细聊。

但是，回想起来，我认为在第二次世界大战后的日本首相中，他是会名垂史册的一位。因为他是一位非常有先见之明的首相，在出任首相后进行的金融大改革，尽管并不完全如预期，但带来了很大变化。

还有行政改革。如今官邸主导的行政制度是桥本先生确立的。以前虽然讨论过通过整合政府机构来重组各省厅，但这是桥本先生实现的，他的确很出色。如果他现在还在世，我有很多事情想要问他。

芹川洋一：的确，可以说桥本先生和小泽一郎先生奠定了21世纪前十年日本的国家形态。小选区制是小泽先生主导的，政治主导、内阁领导则是桥本先生主张的。但是，现在出现了问题，来到了一个新阶段，要考虑如何进行修正。

杰拉尔德·柯蒂斯：选举制度也好，桥本行政改革也好，是否需要进行修正、要如何修正，几乎没有人讨论。

御厨贵：没有。关于桥本先生，我也感到很遗憾。我曾尝试过几次去和他做口述（历史），但都没能成功。

第一次，他辞任首相后，我去找过他，结果他非常生气。桥本先生要求我解释什么是口述（历史），于是我用了大约10分钟做了解释。然后，他说："学者总是这样一直说没有结论的话吗？我不做这种口述（历史）。"于是，我只好说："哦，这样啊。"然后我准备告辞。

结果他说："等等，你不是来听我说的吗？"我说："可是您不是说不说吗？"桥本先生说："你真是一个奇怪的人。"我倒以为桥本先生相当奇怪。（笑）

第二次，因为他成为派系的会长，我的采访推后了一段时间。此后，在自民党总裁选举中，他败给了小泉先生，在他没有机会再度担任首相的时候，我要去采访，但他当天早上便倒下，去世了。

因为桥本先生的个性太过特别，连自传也没有，所以桥本派的派系事务所委托我做这件事。他们说的是，"无论如何也想留下些东西"。

芹川洋一：只有外交方面的东西留存了下来。

杰拉尔德·柯蒂斯：但是，现在的资料甚至连讲政治改革时都没有讲到桥本龙太郎，这是一件非常令人遗憾的事情。

杰拉尔德·柯蒂斯：听到这些，我才知道，原来不只我一个人没能接近桥本先生啊,他真是一个不可思议的人。

杰拉尔德·柯蒂斯:是啊,我们也没能做到。

芹川洋一:但他其实是一个热情的人,我曾经从他那里得到内幕信息。他把铃木善幸内阁的土光临调委员会①的全部人事安排告诉了我。

那是我担任政治记者第二年的事情。临调人事的安排到了最后阶段的那个晚上,我在六本木鸟居坂大厦一楼的桥本先生房间的前面等着。当时,他是自民党的行政财政改革会会长。我记得时间已经很晚了,他回来后看见我就问:"什么事啊?都现在这个时间了。"我就说:"临调的人事安排已经确定下来了吗?"他说:"哦,已经全部定下来了。你先进来吧。"我刚坐到沙发上,他就说:"我不能说出委员会成员的名字,但是我可以回答你的问题,告诉你是或者不是,你问吧。"

我说出几个名字后,桥本先生说:"全都不是!不行!我借给你电话,你打给公司,问你的前辈。"我打电话给政治部的负责人,也得到旁边的经济部负责人的帮助,说出了一些人的名字,然后与桥本先生核对。他回答"猜中了"或"不是"。当我告诉负责人"说是猜对了"时,我听到负责人喊道:"噢,××猜中了!"然后我就听到他周围的人发出欢呼声。

这个委员会由九名成员组成,因为我猜错了很多次,所以用了很长时间。失去耐心的桥本先生可能觉得这样下去不行,到第九个人时,他甚至告诉我说:"不是和前内务省相关

---

① 1981年开始的行政财政改革审议会。

的，是日赤的人。"是林敬三！我当时高兴得几乎流出眼泪。我担任政治记者的时间很久，但这是记者生涯中令我终生难忘的回忆。

御厨贵：政治家里和竹下派中有很多人都不喜欢桥本先生，他在参议院选举中失败，是被野中（广务）先生拉下来的。再之后，桥本在参议院选举中失败，不得不辞职。

芹川洋一：在投票当天下午2点左右，人们聚集在竹下的家中，谈论的是桥本职位的接替者。我认为这真的很残酷。

御厨贵：如果他再多当一段时间的首相，会很有趣。但是，竹下先生的执念就是，一定要推小渊先生上台。

彻底的和平主义幕后操盘手

杰拉尔德·柯蒂斯：另一个有趣的政治人物是野中广务先生。我见到他是在《时事放谈》。我特别想和野中先生细聊，所以请了一个我们共同的朋友，与他在一家餐馆见面交谈。之后，我们在《时事放谈》等场所见过几次。

野中先生在很多方面都让人感觉很有趣。他虽然是保守党，但因为亲眼看到了战争的恐怖，是一个彻底的和平主义者，程度不亚于社会党左派。野中先生也见证了诸如日本社会里的歧视等社会问题的出现，而且非常出色地参与了政界的权力游戏。

第一次和野中先生一起进餐，是在加藤"造反"后不久，当时他是自民党干事长。他知道我和加藤先生的关系很近，所以说:"我本来想让加藤当首相。他很优秀,不当首相很可惜。如果他按我说的去做,本来可以成为首相的。"那感觉就像哭着杀了人一样。

芹川洋一:是"挥泪斩马谡"的感觉吧。

杰拉尔德·柯蒂斯:就是这样。另外,野中先生不喜欢小泽先生。野中先生自己不能当首相,也不想当,他完全是在幕后发挥力量,换句话说,是在幕后很好地操纵权力。因为政治是一场权力之战,所以野中先生是让研究政治的人非常感兴趣的一个人物。

御厨贵:在《时事放谈》中,尽管有一些元老级别的政治家接受访谈,但我和野中先生在一起的时间最长。野中广务先生和后藤田正晴先生等人是很少见的能够在退役后进行政治评论的人。如今,许多政治人物在任上已经是精疲力竭了,退役了就完全退出政治舞台了。

野中先生退役后,更加成为一个和平主义者。他认为必须谈论战争。在冲绳和其他问题上,乍一看,他俨然已经是左翼分子了。但他不完全表现出左翼的特点,因为他本来是右翼的人,他是在"左"与"右"的纠葛中谈话。《时事放谈》中的他就是如此。

宫泽首相的历史性作用

杰拉尔德·柯蒂斯:还有前面提到的后藤田正晴先生。

在他担任中曾根内阁官房长官时，我见过他一次。在他不当议员后，我有很多次机会和他说话，他说话总是很有趣，有知识、有素养，并且有出色的历史观。我认为，他在看人和进行战略思考方面出类拔萃。

他和我说的话里，我记得最牢的是这一句——当时已经年过八十的他说："到了这个年纪，感受最深的就是时间不够用。我想读书，想做各种事情，但是已经没有时间了，所以很焦虑。"这句话我至今记忆犹新。

芹川洋一：平成时代的首相中，除了桥本先生之外，还有需要重新评价的人吗？

御厨贵：那就是宫泽喜一先生。虽然他可悲地结束了政治生涯，但我认为宫泽先生作为"自社两党制"的最后一任总首相，是有象征性意义的。

当时的大选中（1993年7月），自民党虽议席有所减少，但仍是第一大党。当然，人们认为自民党会执政。"1955年体制"①已经持续了数十年，人们自然会这样认为。但这个体制被小泽一郎打破了。我认为这对宫泽先生来说相当屈辱，但是他必须忍受这种屈辱。此后，他也没有做无用的挣扎，而是把总裁的宝座交给了河野洋平先生。

芹川洋一：如果说德川庆喜是幕府的第15代将军，那么宫泽先生就是自民党的第15代总裁。

御厨贵：正是如此。他就此败北离开。从某一方面看，

---

① 指日本政坛于1955年开始的政党格局。表面上是执政党自民党和在野党社会党的两党政治，实际上是执政党的一党执政。

我认为身处宏池会的他担任了这个角色，也发挥了历史性的作用。

为什么社会党会无路可走

芹川洋一：接下来想谈一谈在野党。细川内阁之后，村山富市内阁建立。在村山先生出任首相之后，社会党承认了《日美安全保障条例》、自卫队和核电站。换句话说，社会党已经改变了政策，而结果是社会党因此走到了尽头，虽然这样说可能有些残酷。

正如柯蒂斯先生之前提到的那样，美苏冷战格局已经结束，所以从某种意义上说，这可能是历史的必然。

之后，民主党出来了。由鸠山由纪夫先生和菅直人先生创建的民主党的规模不断扩大，2003年与自由党合并，小泽先生加入后，势力不断扩大，直至2009年实现政权交替，这是平成时代在野党的发展过程。顺着这个历史进程，我们来考虑一下社会党的意义。

御厨贵：自从"1955年体制"形成以来，社会党一直是自民党的对手。此外，如前面所讲，如果说自民党是一个务实的政党，那么社会党就是一个谈论梦想或幻想的政党，而且不可思议地被日本国民所接受。

换句话说就是，只有自民党不好。社会党保护宪法，并在外交等方面对自民党的做法完全反对，这样形成一个接近对峙的体制。

渡边恒雄先生常说："只有保守党，也就是自民党独自掌握政权不好。"他从某个时期开始主张保革联立政权。我和他做口述历史的时候，他也强调社会党或者其他在野党的一部分最好能和自民党组成联合政府。

社会党通常被称为"灸治党"。当自民党太过分时，人们就投票给社会党，尽管没有人认为它会取得政权。投一部分票给它，使之与自民党实力相当，这种状况长期延续了下来。

正如柯蒂斯先生所说，这是在冷战格局下实现的。冷战结束了，社会党也就没有了去处。

同时，当海湾战争爆发时，在"日本只出人，不给钱吗？给钱也可惜"的形势下，社会党非常为难。但最终，如前面所讲的，社会党接受了安保条例，承认了自卫队。但这样变成了现实主义的政党后，社会党的支持率突然下降，社会党的作用消失了。

现在，除非在野党彻底地反对执政党，否则就被认为没有存在的意义，这又是在重复社会党的路。所以，枝野先生的立宪民主党与之前的社会党一样，对执政党的所有决策都表示反对。只有这样做，他们才会获得一定数量的选票。但是，没人认为这样能实现执政的目标。除非现在的在野党以最终夺取政权为努力方向，否则现在的这种情况永远都不会改变。这一点很重要。

还有一点就是，现在回想起来，民主党政权也很奇怪。为什么他们认为可以很容易地夺取政权，而且取得政权后就能立即上台执政呢？社会党取得政权后就结束了，民主党也有这种可能性。为什么他们没有想到，其实接掌政权是一件可怕的事情呢？

在福田康夫内阁时期，有人提过大联盟。我现在还不能说得太多，但可以说当时小泽一郎先生认为，如果民主党上台，将会出事。我认为，在一个政党真正想成为执政党之前必须建立政党大联盟的想法是正确的。但是，建立大联盟的努力失败了，小泽先生也就此失势。

我不知道鸠山政权是否真心想经营好政权。因为他上任后不久，就把官僚排斥出局了。排除出去很多人之后，他尝试自己决定一切。结果，政权没有办法运行了，外交也是一大败笔。

现在，剩下的那些民主党人不再回首民主党政权，尽管它并非一无是处。

民主党政权瓦解后，包括鸠山先生在内，政府中任要职的人都说要我帮他们做口述历史，我说为时尚早。当时的民主党人应该做的，不是通过做口述历史去回顾过去，而是思考为什么会失去政权，以及制定下一个政权战略。

那时，许多人写了回忆录。读了就会发现，他们全都是在辩白。换句话说，他们全都在说："我是对的，但是政党没有朝那个方向前进。"所以，他们的口述历史和回忆录对现在毫无意义，因为他们还没有真正正视自己的失败。

民主党政权因排斥官僚而出现混乱

芹川洋一：小泽先生说"民主党即使掌权，也无法运作"

的时候，我还觉得不可思议，但事实果真如此。我觉得，如果那时能够建立大联盟政权，情况可能会不同。

民主党和自由党合并的时候，野田佳彦等人极力反对，说："就像早安少女组①里进来了天童芳美②。"（笑）意思是说，性质完全不同的东西进来了。但到最后，还是"天童芳美"做主导。"天童芳美"知道这个组合将无法成功，所以应该和自民党一起"练习唱歌"之后再做决断，这才是正确的。

民主党政府的另一个让人吃惊的举动是设立大臣、副大臣和政务官三人会议制度，而将官僚排除在外。由副大臣和政务官亲自"按计算器"。其实，这种事情必须让官僚们去做，但是他们却自己做，这完全错了。民主党是错得可悲的一群人。

御厨贵：必须让官僚做事。如果让官僚做事的话，民主党政府一定能提出更好的想法。但是，他们把官僚全都拒之门外，连事务次官会议也取消了。正是做出了这么多毫无道理的事情，才引发了混乱。

鸠山政府被美国政府误认为"反美"

杰拉尔德·柯蒂斯：小泽先生可能说过民主党即使取得

---

① 日本的女性偶像团体组合。
② 日本演歌界知名演歌歌手。

政权，也不会成功。但是，在很大程度上，小泽先生要对民主党政府的失败负责。

在鸠山政府中，真正的权力不在首相手中，而是在小泽先生手中。小泽先生的历史就是创造和打破事物的过程，打破一个政党后，再建立下一个政党，然后再打破，时而与自民党合作，时而加入民主党。又像菅直人先生执政时那样，拖民主党的后腿，导致政权瓦解。虽然他有优秀的才能，但作为政治领袖，实在不值得赞赏。

我们前面提到的社会党，在日本的第二次世界大战后的历史上做出了巨大贡献。自民党寻求通过修改宪法、制定教育基本法来恢复日本在第二次世界大战前的教育理念。之所以这些没有实现，是因为社会党在国会中有1/3的席位。社会党就是以这仅仅1/3议席的力量和在议会外的活动发挥了作用。

在对自民党右倾化的强烈抵抗下，"1955年体制"形成了。自民党虽然想修改宪法，但是维持政权是目标。所以，为了减轻来自创新阵营的压力，它倾向于中间立场，本来右倾的自民党越来越变成走中间路线，而社会党是一个不切实际的左翼政党。但是，从某种程度上说，是它将自民党政权拉到中间路线上的，这对日本来说起到了正向的作用。

不可思议或者说奇怪的是，在现在的立宪民主党、枝野先生的党派里，真正的左派人士很少。他们甚至说，为了肯定现状，可以修改宪法。但是，正如柯蒂斯先生所说，人们认为，只要是在野党，就必须采取反对的立场，否则就不是真正的在野党，这非常令人失望。当今，如果在野党还保持"1955年体制"下的社会党那样的姿态,是不可能获取政权的。

2009年的大选本来可能改变日本的政治史,但是由于缺乏准备,当然也有党内权力斗争以及官僚的对待方式等问题,民主党最终在获得政权的三年后惨败。

回想起来,鸠山首相关于冲绳普天间美军基地问题和东亚共同体的言论,引起了美国奥巴马政府的强烈反应这一点也很重要。

奥巴马政府的美国国家安全委员会(NSC)的亚洲官员对鸠山先生一无所知,就此断定他是反美亲中派。鸠山很天真,相信博爱可以解决任何问题,但他绝不是持反美的立场。

奥巴马政府对鸠山政府表现出了过度敌对的反应。本应花更多时间努力去和日本国民选举出来的政权进行政策协调,但是奥巴马政府对这种意见置若罔闻。

接下来,菅直人先生就任首相。菅先生属左翼,但他在日美关系的处理方面做得比较好,比鸠山先生好。然而,在2011年东日本大地震之后,福岛发生了核事故,他的应对方式遭到了严厉的批评。那时,如果是自民党政权,自民党可能就此永远失去执政的机会,因为发生核事故的是自民党兴建的核电站,并从东京电力公司获得了巨额政治资金。但2009年在野党取得了政权,这反而救了自民党。

不过,作为国家领导人,菅先生一会儿说要提高消费税,一会儿又说不实行了,给人留下了很不专业的印象。

芹川洋一:确实不专业,因为他是"市民活动家"。

杰拉尔德·柯蒂斯：是的。但是，我认为对他的评价应该更高些，核事故发生时，他立即跑到东京电力公司总部大吼大叫。如果没有这个举动，东京电力公司可能会从福岛第一核电站撤离工人。这样的话，除了福岛核电站周围的地区，甚至整个关东地区，都有可能遭到核辐射污染。

最后，野田佳彦先生就任首相，情况变好了一些。但是，他做出钓鱼岛国有化决定，导致与中国的关系陷入危机；说要提高消费税，导致他在民众中的声望下降，而党内也分崩离析，他根本无法施展领导才能。后来，他下定决心，哪怕大幅度减少议会席位，也要解散国会，进行大选，以为只要不是惨败，即使席位减少，也还有可能与自民党结盟。结果，这完全是对当时形势的误判。总之，这些对于民主党人来说，都为时已晚。

看现在日本政治的情况，在野党不可能夺取政权。如果自民党分裂，情况则会有所不同，但目前自民党分裂的可能性很小，在野党突然获得公众支持的可能性也很小。

感觉现状就会这样持续下去。安倍政权将再持续两三年，而在野党和下一代自民党领导人都应将其视为准备期，可以用来学习如何改变21世纪20年代的日本政治，并研究如何制定战略。

芹川洋一：现在无法展望未来，我也这么认为。

使社会党辉煌一时的独特面孔

芹川洋一：过去，社会党里有过出色的人物，有地方上的名门望族和受过良好教育的人。例如，《朝日新闻》的前记者秋山长造先生曾担任参议院副主席，他非常有见地。还有河上民雄先生，他是河上丈太郎先生的儿子，曾是国会议员。当时，社会党里的这些人非常受人尊敬。

也有一些人沾手了自民党的钱。那些人总是穿着高级定制西装，喝着高级洋酒。他们是从自民党的国会对策机构等地方拿到了钱。

虽然社会党中混着这样的人，但也有高素质的人。所以，在某些情况下，他们会对政治进行"灸治"，我认为社会党就是这样一个政党。

杰拉尔德·柯蒂斯：我在社会党里也有很多朋友。土井多贺子女士非常优秀，我很喜欢她。当我开始在研究生院学习日本政治时，河上民雄先生是东海大学的教授。他曾在哥伦比亚大学留学一年，后来他参加选举时，我几次去神户选区拜访。他虽然不是一个有魄力的政治家，却是一个非常通达情理的人。

另外，与田中角荣同属一个选区的三宅正一先生也是一个出色的人物。他不是新潟县人，但因为参加第二次世界大战前的农民运动，去了新潟县。

印象中，有趣的社会党人物是说东北话[①]的佐佐木更三先生。我想拜见他而去了议员会馆。当时，他出版了一本书，书名是《社会主义式的政权》。自称左派的佐佐木先生使用"社会主义式的政权"的说法，是为了淡化社会主义的意识形态。

---

① 指日本东北地区的方言。

他对于是"左"还是"右",完全不在意。

当时,向坂逸郎先生领导的社会主义协会日渐强大,控制着左派势力。所以,佐佐木先生逐渐向右倾,与已经转向右倾的结构改革派的江田三郎先生一起,与左倾势力抗衡。

在议员会馆采访了佐佐木先生之后,他不是送我到电梯口,而是和我一起搭乘电梯到大堂,一直把我送到了外面的大门处。他似乎很高兴能有一个年轻的美国学者来听他说话,也许我是第一个吧。

芹川洋一:东北话很难理解吧。

杰拉尔德·柯蒂斯:还是能听懂的。虽然很费劲。(笑)他的理论并不那么难理解。

社会党的另一件有趣的事情是,日本社会主义运动的历史上有过很多基督教活动家。第二次世界大战后成立的社会党,继承了第二次世界大战前基督教社会主义的温和左派传统。曾出任首相的片山哲、党委员长田边诚和土井多贺子、国际局局长河上民雄等人都是如此。

虽然有很多杰出的人物,但社会党人无法摆脱第二次世界大战前的传统,无法改变对安保条例的反对。1959年,德国社民党在一个名为巴德·哥德斯堡的城市通过了哥德斯堡纲领,脱离了马克思主义,承认了北约组织。之后,与保守党联合组建内阁。几乎与此同时,日本社会党内部围绕结构改革进行了大论战,最终社会党选择了左倾。

到1960年,德国社民党和日本社会党的支持率同样是33%。但是,随后德国社民党变得更加强大了,而日本社会党则走向了衰落,这是日本历史上一件非常不幸的事情。人们经常说,日本的在野党力量很弱,原因在于选举制度,或者是因为自民党有敛钱的能力。但是,要探究原因,就必须追溯到第二次世界大战前,甚至从明治后期开始梳理日本政党政治的发展史。

芹川洋一:社会党最终走到1994年,因"自社先"执政联盟的成立而终结。社会党因为失去了自己的政党特性而走到了尽头。

民主党的"班会式民主主义"

御厨贵:说到社会党的优点,一定要说20世纪60年代后期建立党本部(起名为"社会文化会馆"),这件事做得非常出色。会馆里还放了一架施坦威钢琴,江田三郎的梦想是在那里举行音乐会。他们准备把那里作为音乐会场,然后让企业在那里开研讨会,以便从企业收钱,似乎还为此拜访了很多家公司。但是,那些公司听说那是社会党的总部,就说不能在那里举行研讨会。

在自民党总部就没有这样的地方。当时,社会文化会馆在这种意义上有良好的形象。江田先生也有能力做这样的事情。在作为结构改革派崭露头角的时候,他全权负责建设社会文化中心,虽然最后他被排挤出社会党了。换句话说,在投票赞成社会党的人们心中,社会党有一个良好的形象,但是没能很好地延续下去。

还有前面柯蒂斯先生提到的三宅正一先生,他和田中角荣是同一选区的。支持三宅正一先生的人要求他想办法在自己家乡建造桥梁和道路。但是,三宅先生说:"这不是我擅长的,你们去找角荣吧,他会给你们建。"所以,人们都去了角荣那里。

然后,角荣说:"是吗?三宅先生这样说过?那我可以帮你们建,但有一个条件,我绝对不要你们的选票。如果这样让三宅落选,我会觉得是一种耻辱。所以,你们一定要投票给三宅,而我会代他为你们修建桥梁和道路。"

杰拉尔德·柯蒂斯:我也听说过这个故事。

芹川洋一:这真是一段佳话。

御厨贵:现在回过头来看,中选区制的好处就是人们希望将整个选区保持为一个好的选区,有自民党,也有社会党。

芹川洋一:所以,社会党消失是一件非常令人遗憾的事情。但是,我觉得民主党并不会成为社会党。

从相反的角度来看,我认为民主党在夺取政权后最终解体,是"罪该万死"。如果民主党政权能够经营得更好一些,日本的政治就不会是现在这种状态。我记得野田先生经常说,民主党缺乏追随意识。所以,每个人都只说自己想说的话,最后做不出决定,因为他们没有支持他人的意识。

杰拉尔德·柯蒂斯:拖后腿倒是很擅长。

芹川洋一:当时,民主党开会时,每个人都会说很多,结束后他们说:"哦,很过瘾,我要说的都说了。"等到第二天开会时,又是这样,说够了就结束。自民党有减压机制,有全权委任制度,有综合各方意见的技巧。但是,民主党没有全权委任制。我认为是一些不知道如何经营一个组织的人聚集在了一起，公民活动家和松下政经塾出身的人太多。最终，民主党被这些不懂运营的人给毁了。

御厨贵：那个时候，我把民主党决定事情的方法称为"班会式民主主义"，这种方法带来了很多问题。

芹川洋一：在野党今后也没有什么希望啊。

在野党应该进行培训和政策学习

杰拉尔德·柯蒂斯：在野党没有希望，这件事很危险。支持自民党的国民基础并不坚实，所谓的组织力量已经大大丧失，所以，要依靠公明党的创价学会。虽然在野党没有吸引力，但一旦出于某种原因，日本的选民决定给自民党投反对票，结果可能会是自民党失去多数席位。但是，到时的在野党会像之前的民主党一样，并没有准备好执政。我认为有这种可能性。

芹川洋一：情况将更加混乱。

杰拉尔德·柯蒂斯：我认为，日本的在野党和那些认为自民党现状不佳的人需要更多行政管理方面的教育，这非常重要。

尽管美国的政治存在各种各样的问题，但是政党在野时，会加入智库，会进行政策研究，比如掌权时按什么优先顺序做事以及如何制定政策等，会不断进行训练和学习。

但是，日本几乎没有独立的智库，日本的大学缺乏政策研究领域的专业。所以，我认为必须从这里着手考虑，不要总是认为在野党不行，要想到只要努力就有机会，否则永远都没有希望。

芹川洋一：明白了。我们也尽量不要再说"不行，不行"之类的话了。（笑）

公明党与其支持者之间存在意识上的细微差别

芹川洋一：正如柯蒂斯先生所说，现在公明党的存在很重要。自从1993年自民党单独执政结束以来，联盟时代一直在继续。在此期间，起着关键作用的政党一直是公明党。它以创价学会为背景，据说拥有700万—800万张选票。

在某种程度上，政治是由能获得这些选票的政党决定的。如前面所说，自民党失去了组织选票的能力，成为一个没有公明党就无法赢得选举的政党。

所以我认为，对于日本政治来说，如何看待公明党和公明党将要做什么是很重要的。它们看似经常被讨论，但其实很少被真正讨论。

御厨贵：从1993年以来，"自公"联合执政已经持续超过20年。野中广务先生创造了一个契机，从"自自联合"转变为"自自公①联合"，然后排除自由党，成为"自公联合"。

的确，从选举合作的角度来看，如果没有公明党的选票，很多议员就不能当选。而且，在过去的20年中，公明党的确一直为政权做出了贡献。公明党在20世纪90年代参加执政联盟时，被随机分配了一些大臣职位。但是，从"自公联合"以来，公明党一直很具有战略性。首先通过与自民党协商，获得

---

① 即自民党、自由党和公明党。

厚生劳动大臣的职位。有人说厚生劳动大臣是公明党的专属职位。因为面向弱势群体的政策是公明党的最大优势。对自民党来说，让出厚生劳动大臣职位是没有问题的。

接下来厉害的是，公明党取得了国土交通大臣职位。原因是，国土交通省下属的许多工人属于创价学会。从这个意义上讲，公明党获得这个职位是合适的。而且，如果国土交通大臣是自民党成员，会有各种问题。换句话说，如果某人被任命，就只会让自己所属的党派获利。但是，如果是公明党人就任，就会有一定的透明度。当然，其中也会有各种问题。

安倍掌权后，推出安保法案，公明党更进一步深入政权的中心。自民党副总裁高村先生和公明党的代表北侧先生以及官僚共同参与所谓的理论性探讨，从而首次将国家安全保障方面的国家机密全部展示给了公明党。公明党本身也有相应的根基，当时，国家安全保障局的人员说公明党非常积极，非常认真地对待政策问题。因为他们之后必须说服背后的创价学会，所以他们很积极地参与了讨论。

现在，对于自民党来说，公明党就像是没有自民党党籍的外部派系一样，而且不必担心公明党会夺取政权。

但问题是，从安保法案获得通过以来，从"信徒们"的角度来看，公明党议员说的话变得难懂了。而创价学会基本上倡导简单的生活主义和简单的和平主义。换句话说，公明党的议员们已经变成了一种遥远的存在。这种违和感有时会影响对选举的配合。

另一个是创价学会中池田大作先生的存在。毕业于创价大学的势力曾一度非常强大，但在几年前形势扭转了，东京大学法学院毕业的势力取得了领导的地位。

公明党的议员与创价学会的成员之间的区别在于，创价学会的人基本上只生活在创价学会里。但是，公明党的议员了解社会。他们要参加选举，必须和各政党打交道。这就是为什么公明党的议员在某种意义上有很大的成长。但是，要如何解决创价学会在地位上的这种矛盾关系仍是一个大问题。

芹川洋一：同样是公明党，在小选区制选出的议员和比例代表制选出的议员之间也有不同。在对待赌场法案的态度上，小选区制选出的议员必须依靠自民党的选票，所以出于某种现实主义角度，他们更赞同自民党的政策。但是，比例代表制选出的议员，选票主要来自创价学会，他们的想法有强烈的理想主义色彩。这虽然还称不上是公明党内部的一个裂痕，但似乎也不是毫无破绽。

而且，在公明党、创价学会的支持者中，无党派阶层似乎在增加。所以，说服这些人赞同安保法案需要很长的时间。我认为，这也反映了社会上有越来越多的无党派人士。

同样，创价学会的第二代——那些儿子和女儿们的反应似乎与以前不同。此外，学会成员的平均年收入正在增加。所以，从很大意义上看，公明党、创价学会将如何掌舵值得关注。

浑然一体的自民党和公明党

杰拉尔德·柯蒂斯：最初，创价学会中有很多从农村来到东京和大阪等地的低收入人群。这些人被"进入创价学会，生活会更好。如果死了，会去天堂"的说法说服，加入了创价学会。这是第一代。

但是，日本人热衷于教育。所以，现在创价学会的第二代和第三代有很多都是大学毕业，成了中产阶级。今天，创价学会的许多人并非被说服而加入，他们只是创价学会追随者的孩子。他们生下来就是创价学会的会员。

公明党已经和自民党成为一体，不太可能离开自民党。同样，自民党也不能没有公明党。现在就是这样的情况。

芹川洋一：现在町内会会长中，公明党、创价学会的人正在增加。以前，町内会会长都是由商业街的自民党人担任。但现在这些人已经年长，不再担任主席。过去，公明党、创价学会的人们说不愿意担任，对这种工作敬而远之，但现在因为没有人去做，只能自己担任。

御厨贵：公立的中小学校的PTA①会长也是由创价学会的人在担任。

芹川洋一：这可能是相同的现象。在此之前，支持自民党的基层保守人群已经逐渐消失。而公明党、创价学会的人取代了他们。所以，正如您所说，自民党和公明党已经浑然一体。

御厨贵：是的，没错。他们已经无法分离了。

杰拉尔德·柯蒂斯：公明党现在面临一个艰难的选择，要获得更多的选票，必须成为国民政党。不久前，我与公明党

---

① Parent-Teacher Association，家长教师协会，致力于家长和教师共同携手帮助学生学习和成长。

议员交谈时问道:"现在的日本,公明党是最中间的政党。为什么不努力争取更多的选票?"这位议员回答:"那样就会破坏创价学会的凝聚力,支持会减少。"所以,公明党扩大规模的可能性很小。

但是,没有公明党,就没有自民党,公明党对自民党有一定的影响。在安保关联法案问题上,公明党的力量决定了有限的集体自卫权。但因为最终公明党不能离开自民党,所以只能对其进行一定程度的修正,最终还是要支持自民党的政策。

小泽一郎的破坏欲

芹川洋一: 在这里,我想谈一谈小泽先生。小泽先生一直在创造双重权力。海部先生、细川先生主政时,他都是在幕后掌握权力,民主党政权时期也是如此。我认为这个人试图在幕后控制一切,因此带来了诸多负面影响,并引发了各种麻烦。

御厨贵: 在小泽先生第一次计划分裂自民党时,我和他就有很多接触。所以,我非常清楚,他就像是一个淘气的男孩,到了一个阶段后就停止了成长,然后就在这样的状态下当上了干事长。金丸信看好小泽,似乎就是因为看好他那种类似于淘气男孩的特质。

竹下先生认为他很危险。让他做干事长,不知道会发生什么。这就是其后的"金竹小"(金丸信、竹下登、小泽一郎)的关系。正如柯蒂斯先生所说,他确实是个破坏者,并且不走常规路线。这就是政权最终被夺走的原因。但是,他很出色地复活并建立新进党，然后再破坏，又加入民主党。虽然他是民主党上台时的代表，但后被检察官起诉了。在2010年4月的时候，他必须辞去代表职务，这样民主党才能掌权。也就是说，他只能放弃走向首相的道路，这让他很绝望。

从此以后，他真的如同淘气的男孩，只搞破坏。在决定预算时，他做了"小泽裁决"，建了一个奇怪的干事长办公室。这时的他，有更大的破坏冲动。

当民主党结束政权时，我去见他并问道："在政治改革中奋斗了近20年，最终失败了，您现在怎么看？"他说："自民党没有按我的预想那样被打碎，这是我预计错误。本以为它会破坏得更严重，但结果是我们自己被打碎了。"

芹川洋一：尽管如此，20世纪90年代和21世纪前十年的日本政治是建立在以小泽为轴心的基础上的。或者以小泽一边为主，或者以小泽的对立面为主，这是平成时代大约20年的轴心。我认为这是非常不幸的事情。

御厨贵：最终成为现在这样。那种有破坏性冲动的人一直在……

杰拉尔德·柯蒂斯：细川政权一开始力量很弱，但小泽先生和内阁官房长官武村正义先生一直在角力。当羽田孜成为首相时，他采取了驱逐社会党的态度，这很快摧毁了羽田政权。小泽先生非常有才能，但什么事情也做不好，最终打碎了一切。我认为他就是这样一个不幸的政治家。

芹川洋一：不是为创造而破坏，而是为破坏而破坏。这是日本政治不幸的因素之一。

从外部看平成时代的日本政治

芹川洋一：让我们思考一下如何从外部世界看日本在平成时代的政治。

说到日本,我认为1990年8月的海湾危机和1991年1月的海湾战争是转折点。在此之前,日本的安全在日美安保下完全依靠美国,现在这种安全保障方式则受到质疑。

当时的首相海部先生被老布什要求派出自卫队。有人说这是"要求派遣地面部队（Boots on the ground）"。然而,海部先生最终没有派遣自卫队,左思右想之后提供了130亿美元的援助。但是,后来科威特在报纸广告中对每个国家表示感谢时,没有提到日本的名字。为此,日本人受到了很大的打击。

这引发了日本是否可以继续这样做的争论,人力的贡献或者说应该如何做国际贡献以及宪法的问题引起关注,我认为这是日本安全保障和外交问题的转折点。

可能现在仍然未能完全解决。我想问一下,外面的世界如何看过去平成时代的30年？

杰拉尔德·柯蒂斯：首先,对日本政治的看法。大家一开始认为日本是一个经济大国,而且比美国做得更好。在经济泡沫破裂后,突然变成认为日本完全不行,经济也不行。

自20世纪90年代以来,通货紧缩已经持续了20多年。日本不再是有效的经济发展模式的代表。现在,中国取而代之,成为一种不同于日本的、全新的、社会主义市场经济的经济发展模式的代表。

从 20 世纪 80 年代开始，人们就认为日本最终将成为军事大国。中曾根先生任首相时期，亨利·基辛格在《华盛顿邮报》上发表的文章写道："日本即将成为军事强国。"10 年后，兹比格涅夫·布热津斯基也写道："日本不会依靠美国，会拥有更多的军事力量。"著名政治学者肯尼思·华尔兹在 2000 年发表了一篇备受瞩目的论文，其中写道："日本会拥有核武器，这只是时间问题。"

虽然外部一直这样认为，但日本至今没有成为超级军事大国，而且不太可能成为军事大国。

日本为美军提供基地，并加强了与美国的合作，但日本、美国承担的负担绝不相等。根据《日美安全保障条约》，美军至死也要保卫日本，但日本没有保护美国的义务，除非日本的生存本身受到威胁，否则无法与美国并肩作战。

即使如此，美国与日本的同盟关系仍然是其亚洲战略的核心。而日本也在尽防御方面的努力。所以，虽然美国政府对日本的所作所为不是非常满意，但考虑到日本的舆论，便走了这样一条现实主义的路线。

特朗普在总统大选时对日本的态度很强硬，但是，自从当选以来，他与安倍首相的私人关系已经比与其他盟友领导人更加亲密，且没有对日本发难。

我认为，虽然特朗普认识到与日本关系的重要性，但仍会对日本采取更强硬的态度。特别是在安倍首相坚决拒绝旨在达成自由贸易协定（FTA）的双边谈判时，特朗普似乎非常恼火。他说，日本与澳大利亚、土耳其和欧盟都在进行双边贸易协定谈判，但对盟国美国却拒绝谈判，这是怎么回事？！日本政府很重视这些信息，并在2018年9月底对日美之间的双边贸易谈判做出了回应，以避免美国对日本的汽车出口征收25%的关税。

但是，日本和美国对这一谈判目的的解释并不相同。日本政府强调，它仅限于双边货物贸易（TAG），而美国期待的不是TAG，而是涵盖了服务、投资和货币的FTA。虽然最终可能达成协议，但谈判时间越长，美国政府内对日本的批评就越多，最终有可能导致日本汽车的关税被提高。

虽说安倍首相与特朗普总统建立了良好的个人关系，但不要把美国的外交和日美关系看得太简单。美国人广泛支持重建第二次世界大战后美国建立和维护的国际秩序，并不是在特朗普成为总统之后才这样，美国人一开始就是这么认为的。相反，许多人都这样认为，才使得特朗普能够成为总统。

在美国，日本政治和政治家很少成为话题，媒体也很少重视。在日本的美国记者也很难撰写有关日本政治的文章。

即使我试图向一般美国民众解释森友、加计学园问题，我也不知道要如何说明这里面有什么大问题。首相的朋友经营的大学要开设新系，官僚们忖度上意批准了。这件事有多大的问题？要写成外国人能够理解的报道是很难的。我本人一直在思考如何让外国人理解日本政治的有趣之处。

另外，在美国看来，日本政治领导人里具有超凡魅力的、有趣的人很少。最近的首相中，美国人最关注的是小泉纯一郎。

芹川洋一：美国人注意了吗？

杰拉尔德·柯蒂斯：小泉先生与许多美国人心目中的日本领导人的形象完全不同。首先就是他那种发型。任首相的时候，他来到纽约，在外交评议会演讲时，首先演唱了猫王埃尔维斯·普雷斯利的《温柔爱我》。日本首相唱这首歌，反响真的非常好，而且他那种说话方式也给人留下了深刻的印象，美国人特别关注他。

安倍先生也以另一种方式引起了人们的关注——这些人是华盛顿的政治家或商业领袖，而不是普通的美国人，特朗普总统无疑很喜欢安倍。另外，长期执政在各种意义上都有很大的作用。他和德国总理默克尔同样身为任职时间最长的七国集团领导人，具有丰富的外交经验，其他领导人会询问安倍的意见。在国内政治中，由于桥本的行政改革，官邸权力逐渐变大。但官邸变强的最重要的原因是，在过去的六年中，首相一直连任。

所以，虽然小泉和安倍在美国受到了人们的关注，但很难说人们对日本政治的兴趣很高。

随着进入21世纪20年代，我认为吸引外国注意力的政治家可能会更多。河野太郎先生、小泉进次郎先生等人给人一种新鲜的感觉，而且他们会说流利的英语，说不定将逐渐掌握权力。也许外国人也会觉得他们比以前的政治家更有趣。对此，我很期待。

21世纪20年代日本政治应有的姿态

芹川洋一：柯蒂斯先生一直都在观察日本。经过了平成时代的 30 年，您认为日本的未来应该是什么样子？

还要请您说说日本政治的未来应该是什么样子。从某种意义上说，柯蒂斯先生观察日本政治的时间比我和御厨先生更长。观察日本政治时间最长的，第一位是渡边恒雄，另一位就是柯蒂斯先生您了。（笑）

杰拉尔德·柯蒂斯：我从昭和 40 年代起，一直在关注日本政治。我从未想过自己做日本的政治观察家会做半个多世纪之久。日本政治社会研究非常有趣，并且至今为止没有让我感到枯燥。我很高兴能成为一名研究日本的专家，也觉得很幸运。

安倍首相在 2018 年 9 月赢得了自民党的选举，再做三年，他就是历史上担任首相时间最长的人了。但是，安倍时代以后，自民党的政治可能会发生重大变化。

21 世纪头几年的自民党被说成安倍一人独大。特征之一是，所有派系都已成为总主流派。首相以外的所有派系领导都成了大臣，担任了执政党的重要职务。如果安倍先生退下来，人们将寻求有新鲜感的领导人。届时不仅是安倍先生，年龄为 60 多岁和 70 多岁的其他自民党领导人也有可能一起从最前沿退下来。这将使世代更迭变成可能。

自民党议员中 30—60 岁的国会议员，因为年轻，所以对问题的认识与那些年纪大的政治家有些不同。出生率的下降和老龄化不仅是子孙后代面临的严重问题，对于还将生存数十年的我们这一代人来说，也是严重的问题。但是，那些年纪大的政治家没有这种强烈的危机感，因为到时候他们已不在人世了。

如果这一代年轻议员掌握了主导权,能够让选民相信财政整顿、移民政策、健康保险和养老金计划等改革是必要的、不可避免的,并获得了选民支持,那么,21世纪20年代将是一个巨大的变革时期。

我对新一代日本政治家抱有希望。但如果这种希望落空,他们不在方向上进行大胆改变,而只是延续当前的政治,那么,潜藏在日本社会中的巨大能量是发挥不出来的。我认为,21世纪20年代这一段时间对日本来说,将是非常重要的10年。

选举制度如何改善监管与制衡

杰拉尔德·柯蒂斯:应该在21世纪20年代解决的政治制度问题包括两个:一个是如何处理小选区比例代表选举制度的问题,这个制度的弊大于利。另一个是民主政治所必要的制衡力量变弱的问题。世界上多党民主制国家比两党制国家多。日本没有深层的社会裂痕,我认为,与在黑和白之间做选择的两党制相比,宽松的多党制更适合日本的政治。

我认为应该进行跨党派的研讨,并动员专家一起考虑如何改变当前的选举制度,并致力于在21世纪20年代制定出改革方案。

即使不能进行彻底的改革,至少也应取消重复候选制度并增加比例代表制的议席数量。这将使日本政党的政治更加活跃,并为选民提供更多的选择。由于重复候选制度的存在,在小选区失利的候选人仍有当选的可能。我认为这很奇怪,这对选民也很失礼。

关于制衡，我听到有人批评日本最近的官邸主导过度了。从原则上来讲，官邸主导是件好事。长期以来一直有人说，日本政治结构的特征是，第二次世界大战前、第二次世界大战后权力都过度分散，没有问责制，不清楚责任在哪里，官僚比政治家更有权力，首相没有领导力，日本政治是一个权力细分、断片化的构造。

在官邸主导下，情况发生了很大的变化。首相和直属于首相的职员已经成为中央权力的中心，甚至发展到官僚要忖度官邸意向的程度。简而言之，国民选出的政治领导人的权力和责任由于官邸主导而得到了加强。

虽说如此，但这并非没有问题。政府决定的事情要由官僚们去实行，但这并不等于官僚们在制定政策的过程中要进行忖度，也不等于官僚不能做会被官邸中有影响力的人物讨厌的提议。

现在内阁人事局手中掌握着包括事务次长在内的约600名高级官员的提名权。如果只说官邸喜欢的，就破坏了官僚组织应具有的政治中立性。内阁人事局可以存在，但需要进行结构上的改变。例如，有必要确保存在能客观判断官僚能力的中立人筛选官僚，或者减少内阁人事局提名的官僚人数等，以确保官邸的权力不被滥用。

不是官邸变得过于强大，而是监督官邸的体制在很大程度上崩塌了。

在"1955年体制"下，在决策过程中，相对于政府，自民党拥有作为执政党的强大权力。

但是，现在没有像过去那样的派系了，自民党政治委员会的重要性也已经大大降低。最初需要召开政府与执政党之间的联络会议来协调政府和执政党的政策。但现在的主要政策是由官邸决定的，而自民党只是跟从。

桥本政治改革和选举制度的改变共同造成了现在这种局面。在中选区制下，一个选区中有多个自民党候选人，每个候选人由不同的派别支持。但是，现在候选人的公认权在党总裁和首相手中，对候选人的资助等也是由首相和干事长决定的。

小泉首相把反对邮政私有化的在任议员全部排挤后，派出"刺客"参加选举。过去，自民党的议员能够轻松地批评首相。但最近，即使是和我一对一见面时，批评安倍首相的政治家在公开场合也保持了沉默。我认为，当务之急是考虑如何加强自民党在制定政策过程中的作用，以及改变确定官方公认候选人的方式。

例如，即使首相和干事长拥有最终公认决定权，也可以采用预选制度，以便能够与当前在职者产生竞争等。如果这种情况继续下去，恐怕自民党会变得如磐石一般坚不可摧。

在野党、选民和媒体都需要改变意识

杰拉尔德·柯蒂斯：在"1955年体制"下，在野党没能获得政权，但是自民党内部有过类似政权更迭的情况发生。例如，从田中变成三木、从铃木变成中曾根、从森喜朗变成小泉，人事和政策都发生了变化。自民党内部有抵抗势力，有由派系政治带来的紧张感。

当前的政治体制已经完全不同。没有强大的在野党力量，能牵制政府的力量空前减弱。今天的在野党是第二次世界大战后的历史上最弱的。在野党要成为可能掌权的政党，必须要有理念和对未来的愿景。但最重要的是，要向国民呼吁以什么样的优先次序制定政策，以及具体要实行怎样的政策。要提出能让国民信服的具体政策，尽全力向国民阐述这些政策的必要性。对民主国家的政治家来说，语言就是武器。必须有能够说服国民的语言，且这些说明要简单易懂。

我曾对认识的在野党议员说："由于安倍时代还要持续两三年，所以应该将这段时间作为准备期。面向2030年，为了让日本变成所期望的样子，需要决定21世纪20年代的具体政策议题以及优先次序，并向国民进行呼吁。"

一谈到增加消费税，选票就会减少。如果将领取养老金的年龄延长到70岁，就会遭到老年人的反对。如果只考虑这些，什么都不会改变。大野伴睦曾说："猴子即使从树上掉下来，它也还是猴子。但是如果政治家掉下来了，他就只是个普通人了。"虽然如此，为了赢得选举而不敢说出国家必须做的事，如果是猴子这样做，还可以原谅，但政治家如果不鼓起勇气、拼上性命去战斗，他就会被选民抛弃。

21世纪20年代的另一个问题是议会改革。尽管国会是国家最高权力机构，但战争前制定了许多规则和惯例，现在的议会只有批准政府政策的功能，而没有决定政策的功能。

我认为只有加强国会在决策过程中的作用,才能建立一种新的制衡机制。另外,国会对大臣的约束力太大。

2017年,安倍首相有89天出席了国会会议,相比之下,法国只有12天,德国只有11天。更令人惊讶的是外交大臣,岸田外务大臣在2017年中有131天出席了国会会议,法国是17天,英国是22天,在德国只有16天。德国总理默克尔甚至问安倍先生:"日本的首相什么时候工作啊?"

每年5月的黄金周,日本政客们都纷纷涌向华盛顿,就像日本议会要在华盛顿举行会议一样。为什么呢?因为议员不能在其他时间去。即使召开国际会议,大臣也必须在国会的同意下去参加。这样的情况必须尽快改变。

我认为最重要的是,如果日本选民对政治感兴趣,他们如果认为现状有问题,就应该多表达自己的感受。有很多人说,现在的政治很糟糕。但是,是选民选择了政治家,而不是政治家选择了选民。选民不应只是看热闹的人,如果认为政治很糟,那么要意识到造成这样的政治现状的是选民自己。

在我研究日本政治的这半个多世纪里,日本政治发生了各种结构变化。选举制度已经改变,官邸权力已经加强,派系政治被削弱,在野党势力衰退,政策议题也发生了很大的变化。

正因如此,媒体向人们提供正确信息的责任就非常重大,要在捍卫言论自由的同时,向人们提供客观的信息。从这个意义上来说,我希望媒体可以更加努力。

一些政治记者仍然喜欢谈论派系,就像在"1955年体制"下的派系政治时代一样,媒体还没有完全摆脱"1955年体制"

时的思维方式。

芹川洋一：多少也有些变化，毕竟实际上派系已经不存在了，但确实如您所讲。御厨先生有没有什么意见？

御厨贵：没有。（笑）

芹川洋一：没有学者的问题吗？

御厨贵：我之前提到过学者的问题。一直讨论的小选区制是万恶之源，而这一制度的实行，在很大程度上学者要承担责任。

芹川洋一：媒体也逃不了干系。

御厨贵：我真的感觉当时说的和最终结果有所不同，对日本的政治环境考虑得太少了。在不考虑它是否适合日本的情况下，引入这样的选举方式是一个错误。如柯蒂斯先生所说，已经过了20年，必须做出改变了。但现在的议员都是在这个制度下诞生的，已经没有议员是在中选区制下被选出的了。

芹川洋一：只剩下几个了。因为现在是经济萧条期，处于垄断的状况，所以情况不会发生改变，改变它会带来麻烦。

御厨贵：所以每个人的嘴巴都像被缝上了一样。

杰拉尔德·柯蒂斯：选举制度几乎无法改变，因为他们都是在目前的选举制度下当选的。

芹川洋一：他们是这种制度的受益者。

御厨贵：一旦改变选举制度，他们自己就可能落选。

第二章 从党主导到官邸主导

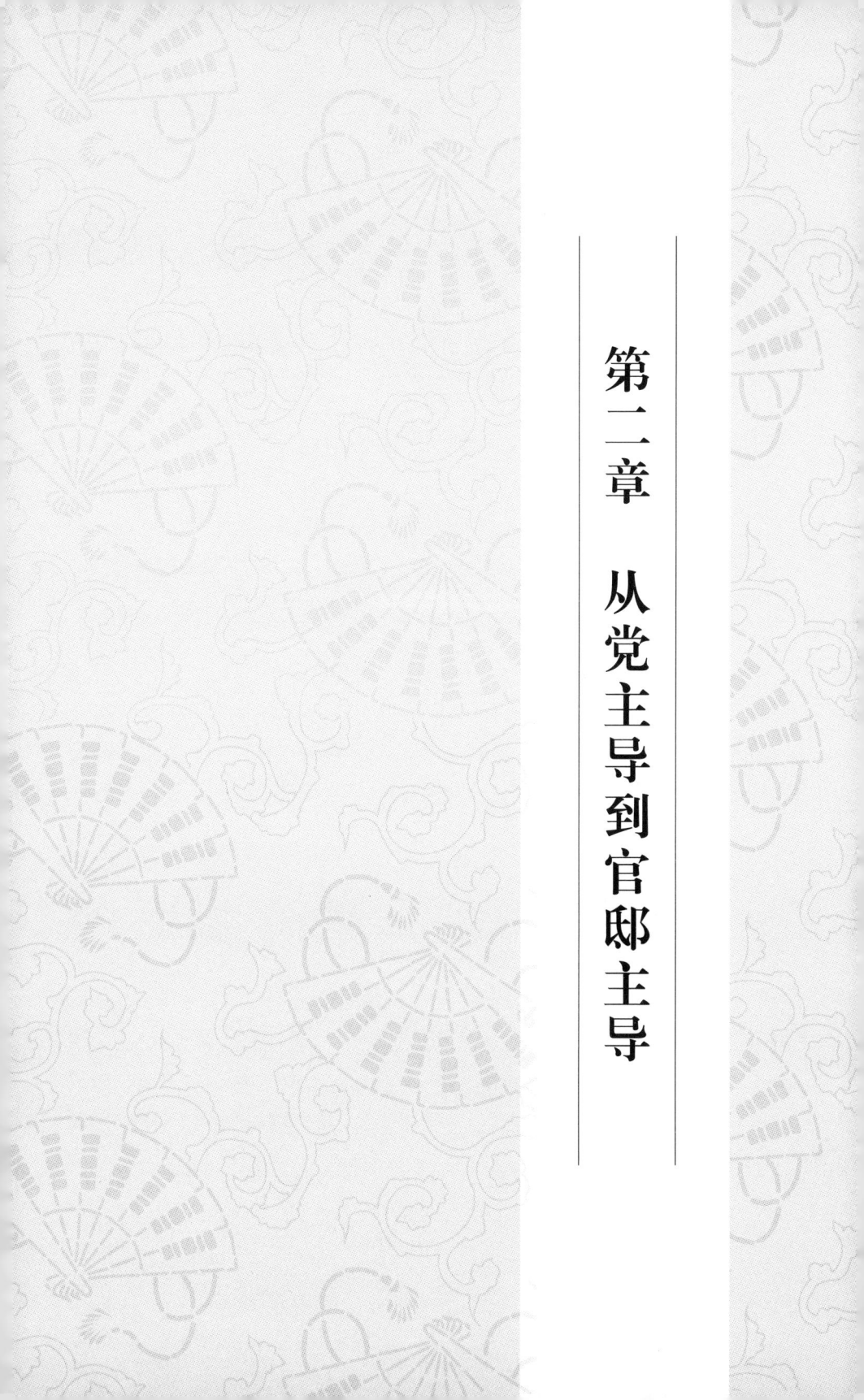

收获了桥本改革成果的小泉政权

芹川洋一：在第二章，想和大田弘子女士谈谈平成时代这30年间的政策制定过程。

回顾这30年，最初的十年里进行了各种各样的制度改革。

在昭和时代，自民党长期单独执政，一直是官僚主导政策的制定者。议员与官僚、企业家建立了一个所谓的"铁三角"。在自民党内部已经形成在一致通过的前提下进行的法案预审制度，而且政府和执政党的双重体制已经扎根。可以说，当时是一个"党（自民党）高于政府"的时期，官僚们对党负责。

进入平成时代之后，桥本对行政进行了改革。为了从政府和执政党双重领导的二元体制转变为政府领导的一元体制，桥本强化了内阁的职能，改为1府12省的体制。这个体制有政治主导、首相主导、内阁主导以及官邸主导等多个名称。

1府12省体制的推行始于2001年1月。当时，森喜朗是首相，但是森先生没能运用这个体制。

森先生之后，小泉先生出任首相，这个新体制被巧妙地运用了。特别是竹中先生领导经济财政咨询委员会，促进了结构改革。换句话说，小泉先生收获了桥本行政改革的胜利果实。

在小泉首相执政时期，大田女士参与了各种政策制定过程。具体情况我们在涉及时还会细谈。首先，想问一下御厨先生对于从自民党主导转变为首相主导、内阁主导这一体制改革有什么想法？

御厨贵：虽说这是在平成时代发生的，但早在昭和时代末期中曾根先生在任首相时就有这样强烈的意识，要将体制改为内阁特别是首相主导。中曾根先生试图把权力集中到自己手中。

但与此同时，首相官邸里的内阁官房长官后藤田正晴先生认为，权力集中在个人手中很危险。因此，他想出了一个不直接与首相挂钩的系统，可以称之为"分权型的权力集中"。在内阁官房中创建一个"某某室"，将权力集中在那里。

换句话说，在中曾根政府时期，首相和官房长官瞄准的方向是不同的，因此并没有做出大的政治或制度上的改革。

中曾根先生的政治，说来还是人的政治。JR（日本铁路公司）的改革之所以成功，是通过一次又一次的更替阁僚①来实现的。我认为，靠制度来处理，是绝对无法成功的。

后来，许多政治家因利库路特贿赂案下台，问题甚至蔓延到文部科学省②次长等官僚。此外，大藏省官僚的娱乐性招待嫌疑，如出入高级特色火锅店等问题，也被报道了出来。换句话说，20世纪90年代也是官僚"受难"的时期。

在这种背景下，桥本首相试图改革，要改为不是由自民党领导，而是让官僚也负上责任。

桥本龙太郎先生是一个想要按照自己的主张做事并且要亲

---

① 内阁大臣，相当于部长。
② 相当于中国的教育部。

自去做的人。因此，他进行了六项重大改革①，试图推动一个看起来很难成功、涵盖过多内容的改革。

结果是，尽管发生了很多事情，但也完成了第二次世界大战后第一次大规模的省厅合并。为了讨论中央政省厅的改组，第一次在真正意义上起用大学教授担任委员（参与讨论），如当时东北大学的藤田宇靖教授和京都大学的佐藤晃司教授，读卖新闻社的渡边恒夫先生也参加了会议。

芹川洋一：是行政改革会议。

御厨贵：这是一个有些奇特的会议，议长竟然是由桥本龙太郎先生本人担任，所以桥本先生是自己向自己提交提案。也有人说："这很奇怪。"但桥本先生怒道："我拥有最高权力，我也最了解情况。我召开会议的报告由我自己来拿有什么问题？！"那时我就在想，连这种事情都要吵架，这也太难做了。（笑）

听说当时负责改革的年轻官僚们现在还会每年聚两次，召开"改革之会"。虽然有些人现在已经退休了，但是据说其中有的成员很可能会出任事务次官，他们的凝聚力很强。

芹川洋一：大平正芳首相也成立过各种政策研究小组。听说当时的办公人员在大平先生1980年去世后的每年7月7日都聚会，直到2018年才结束。曾任财务省次官的细川（兴一）先生也是成员之一。后来曾任北海道知事的高桥春美女士，当时是最年轻的成员，她是由通产省（通商产业省的简称）

---

① 指行政、财政结构、社会保障、经济结构、金融体系、教育六项。

派出的,负责复印工作。当时是她进入通产省的第几年呢?

大田弘子:她和我是同一年上大学,所以应该是昭和五十一年(1976)进入通产省。

芹川洋一:研习会是1979年成立的,所以高桥女士应该是在入职后的第三年或者第四年加入的。他们每年聚集起来,并将此类聚会称为"牵牛会",这种横向联系很有趣。

御厨贵:在桥本先生出任首相期间,行政改革会议的成果尚未发挥作用,要等到五年后的森政权时才开始体现出来。但是,森先生在尚未完全弄清楚它是怎么回事之前就下台了,而小泉先生无疑看到了改革的进展,并成功地将其加以运用。

小泉先生是一个即使想做什么事也不会自己去做的人,他会利用其他力量。而这个机会就恰到好处地来到他眼前。因此,他试图利用改革的成果,而且他非常明智,从不与财务省争执。但他在面对除财务省之外的挑衅时则做得得心应手。

更改决策过程会改变决策本身

大田弘子:除了各个审议会外,我还加入了"经济改革研究会"。由此开始,我参与到制定政策的现场,"经济改革研究会"是细川首相的私人咨询机构。座长是平岩外四先生,所以这个会也被称为"平岩研究会",宫崎勇先生等人也参加了。

当时在开放日本大米市场的问题上有激烈的争论。有些人甚至说,不能让一粒外国大米进入日本。就是这个"经济改革研究会"提出了规制改革的基本原则:"经济规制原则是自由原则，而社会监管则限于必要最低限度。"

我在不知道这些情况的背景下进入了研究会。我原以为决策中最有权的人是首相，但发现实际上大藏省更有权，这是我当时的重大发现。毕竟所有政策最终都要通过预算，因此，大藏省在组织预算的过程中最有话语权。

正如御厨先生所说，在20世纪90年代，肯定已经有进行改变的趋势了。土光敏夫先生在第二届临调会议中曾有过关于规制的辩论。但是，政府组织会议并正式启动规制改革是在1995年。

1994年12月，行政改革委员会成立，由饭田庸太郎先生任委员长，内部设置"规制缓和部门会议"。IBM[①]日本公司的椎名武雄先生担任委员长，当时的政权是村山内阁。其后在1998年，桥本首相成立了行政改革推进总部，并在它的下面成立了规制缓和委员会。

在小泉任首相时期，制定政策的过程真正发生了变化。桥本首相的改革赋予了首相提案权，首相主导的体制被确定了下来。内阁官房得到了加强并被赋予企划立案职能，新设立的内阁府作为"智囊"提供协助。小泉首相做出了更大的改变。

还有竹中大臣，他是一个天才，对政策制定的过程进行了创新。麻生太郎先生在森内阁时期担任经济财政大臣，但没有改变决策过程。

到了小泉首相和竹中大臣时期，他们推出"骨太方针"[②]，

---

① International Business Machines Corporation，国际商业机器公司。
② 年度经济政策方针在日本通常被称为骨太方针（Honebuto policy），分析人士对此极为关注。

提出了中期经济财政计划。经济财政咨询委员会的实质在于预算的制定由首相主导。

第二次世界大战后，大藏省主计局主导预算的问题曾多次被诟病，应由内阁领导还是由国会领导这个问题一直都没有结果。

但是，经济财政咨询委员会正式参与了预算的制定工作，这一点很重要。在此之前，每年从秋季至年底，到了制定政策的最后阶段，自民党总部就会出现各种请愿团。现在，提出"骨太方针"的6月则成为高峰期。

同样，此前的政策都是由各省厅的审议会制定的，但是审议会只是政府机关的幌子。什么时间制定什么政策，以及谁将成为审议会成员，都是由政府决定的。然后，官僚们事先同执政党斡旋，找出妥协点，再以一种非常不透明的方式提交报告。

在经济财政咨询会议里，议题由首相和相关的大臣决定。在每个议程上，民间议员能够起草出不受任何约束和限制的草案。因为不仅是咨询会议的成员在场，厚生劳动大臣等其他有关大臣也出席参加讨论，所以三天后就能拟出议事要旨。这样一来，可以清楚地看到是谁出于什么原因提出了反对意见。

日本国民是明智的，如果知道了辩论的整体面貌，就能做出恰当的决定，如TPP（跨太平洋伙伴关系协定）。一开始，人们的反对声音很大。但是，在发现提出反对的是农协的人之后，公众舆论发生了变化。咨询会议使讨论变得透明，并且提高了效率。这个变化是巨大的。

身为民间议员的牛尾治朗先生在经济财政咨询会议成立之初,发表了令人印象深刻的讲话。他说:"土光临调全体委员曾经反对在本州和四国建设三座大桥。大家从一开始就知道收支无法平衡,但最终政治决策决定要建造这三座桥。不知道谁该对此负责。决定的时候就没有弄清楚谁是责任人,所以事后也没有办法追究责任,这样下去,这个国家一定会垮掉。首相的结构改革中,最重要的一项就是要改变决策方式,这是最大的结构改革。"事实上,是小泉改革方案改变了决策过程。

当咨询会议在小泉首相和竹中大臣的领导下成立时,我正在大学里,我听到他说:"决策过程的改变可以改变政策本身。"我恍然大悟。例如,"骨太方针"的第一个亮点是医疗制度改革,这是第二次世界大战之后第一次对医疗费用进行"负面修订"[①]。

流程的改革是有持续性的。现在,咨询会议已经不像以前那样强大了,但是决策过程不会被改回去。我认为,小泉的改革显示出了改变决策过程的真正意义。

对"首相主导"的强烈抵制

芹川洋一:大田女士在小泉内阁担任过内阁府参事官、内阁府政策统括官,然后在安倍内阁和福田内阁就任经济财政大臣。当时,制定政策的过程实际上已经发生了变化,但是现

---

① 意指降低诊疗费收费标准。

场仍然还有各种压力和抵制吧。

大田弘子：想要重返过去的呼声非常大。

芹川洋一：您一定遇到了很多困难吧？

大田弘子：对于官僚来说，最困难的任务是应对事前审查这一执政党裁决过程。不仅是法案，凡是需要提交到内阁会议的资料都必须按照部门会议、政务调查会和总务会的顺序，经过自民党总务会的审查。我曾以大臣和政府机关工作人员的身份，经历过这些事前审查，觉得非常不容易。

芹川洋一：据说，在1963年，赤城宗德先生担任总务会长时，自民党的事前审查已经制度化。但事实是否如此，我并不清楚。但是，事前审查制已经成为自民党权力的来源。

大田弘子：我担任大臣之后意识到，尽管事前审查很辛苦，但是它对于提案在国会通过很有帮助。因为在国会上，由于自民党的约束力，执政党中不会出现反对票。

芹川洋一：官僚主导其实是执政党主导。

大田弘子：是的。即使是"骨太方针"，只要说是首相这样说的，官僚们也就自然而然地接受了。

然后，官僚们就会跑去自民党那里向议员做工作，进行谈判。有了官僚们带来的笔记作为参考，议员们会在部门会议上提出反对。这是真正的一体化，官僚主导就是自民党主导，也就是"族议员"主导。

芹川洋一：是自民党主导或者说是"族议员"主导啊。

大田弘子：我进入政府机关工作后，第一次见到政治舞台的现场。如果不是党主导，除了大臣、副大臣和政务官之外，其他政治家就没有什么可以施展身手的地方了。政治家在部门会议上说话声音很大。起初，我不明白为什么会在一个小房间里发出这么大的声音，还以为是做选举演讲，所以音量变得大了。（笑）

芹川洋一：实际上，这也是一种选举演讲。

大田弘子：其实，主要的目的是要让在房间外面的记者们也听到。

芹川洋一：有个说法是，我们记者被叫作"墙上的耳朵"。记者在房间外用耳朵贴着墙聆听，边流汗边做记录。而且，房间外面还有各种团体的人，议员会很大声地说话，以便让他们听到。

大田弘子：我认为，当时支持首相主导的政治家不会超过五个。当我们在党的大会上做说明时，有人说："你们总是说，首相这样说，首相那样说。但是，如果认为首相主导就是决定一切，那是完全错误的。"

芹川洋一：那时，一个"族议员"和政府机关之间可以画等号，由政府机关提交的政策通过自民党的"族议员"可以直达国会。

大田弘子：如果大臣有权向官僚发出指示，并真正拥有对议案的判断权的话，官僚们即使不情愿，也会听命于大臣。因此，官僚主导其实可以作为大臣的权力问题来做出改变和解决。但是，难以改变的是"族议员"主导。

民主党掌权时期，创建了一个负责政务的三人领导小组来决定一切的框架。我认为，他们是没有看出来，官僚主导和政治主导是同一事物的两个侧面而已。民主党以为压制住官僚主导,就能变成政治主导,但是最终由于党内出现不满的声音而没能压制住。

芹川洋一:民主党掌权时期,党本身没有达成很好的统一,但自民党有能够最终统一意见的好方法。

自民党的智慧

大田弘子:进入政府机关工作,参加过自民党各种部门会议后,我发现"自由裁量"机制非常了不起。

芹川洋一:还有一个就是"消除不满情绪"的方法。能做到全体一致通过,我认为很了不起。我们在采访现场看到有些人(政治家)会突然离开。通过让反对的人离开的方法达成全体一致通过,是一种智慧。

大田弘子:我觉得大学的教授会上缺少的就是这种"自由裁量"机制。

御厨贵:教授会完全起不到作用。因为如果有人不同意,就会用长达20分钟的时间发表反对意见,"自由裁量"在教授会上是无法想象的。

芹川洋一:民主党没有建成这种"自由裁量"机制。

御厨贵:民主党人是"今天结束了,明天再从头谈起",所以无法做出决策。

在自民党的总务会上,持反对意见的人总是坐在门口附近,在一开始就大声地提出反对,有时甚至会丢烟灰缸。这

样，在外面的人也能清楚地听到他是在反对，之后他就会突然变得很安静，说要去厕所之类的，不会再返回会场。（笑）

接下来，会议就在确定所有反对的人都已经出去之后，按"自由裁量"机制做出决定。简直太奇妙了，不知道这是谁发明出来的。

芹川洋一：日本的乡村不是这样吗？

御厨贵：这个方法是为了尽量防止有人被全村人孤立。

大田弘子：与村庄不同的是，因为必须在讨论中表现自己，所以起初还需要大声疾呼。自民党的这种做法，不是从一开始就由上面全部决定，而是让反对的人说出他们想说的话，给足他们面子之后，最终再做决定。

芹川洋一：自民党还有其他许多技巧，结果通常都是模棱两可或者"加和之后除以2"。田中派和竹下派的人都很擅长将东西先加起来再除以2，这是一种政治艺术。

御厨贵：田中角荣先生首次展示能力的地方是国会的建设委员会。当时，建设省非常弱，他在建设委员会得到了很好的锻炼。

芹川洋一：如果有自己的思想，是不能只取平均值的。没有思想，才能这样做，田中派是一个只有世俗利益、没有思想的团体。

大田弘子：真正要改革时，必须让它看起来像是取了平均值，但实际上其比重是偏向二者中一方的。

芹川洋一：还有，即使不打算进行改革，也姑且先说这是改革。

写着"在此基础上"的文件是不会实施的

大田弘子：政府官员写文件也有类似的技巧。例如，"实行 A。在此基础上，再实行 B"。当里面有"在此基础上"一句出现时，虽然看似要进行 B 改革，但其实永远都不会实行 B。"在此基础上"这句后面的事情，是永远也不会做的。有了这句，就表示一切都结束了。

御厨贵：这是"官厅文学"的妙句啊。（笑）

大田弘子：还有就是，当谈论进入"本来论"时，一切也就结束了。例如，关于地方分权改革，如果写着"要讨论国家和地方本来的角色"，那就意味着不会进行改革。因为"本来论"是没有答案的。（笑）

芹川洋一：您多年的经验很有说服力。您这么一说，还真是如此。

大田弘子：来说一个具体的例子。小泉内阁对国家和地方政府进行了艰难的"三位一体"①的综合改革。第一届安倍内阁也认为，应不惜一切代价继续推进这一改革。在通常国会上的施政方针演说里有"首先，我们将重新审视中央和地方政府之间的角色划分，以提交新的分权法案"。到这为止很好。但是，后面有"在此基础上"这句。"在此基础上，我们将重新审视交付税、补贴和税收资源分配，并进行综合探讨"，我当时对其大失所望。这是一个有很强反对声音的改革，因此有

---

① 关于地方交付税、补贴和税收资源分配。

人加上了这句话。那就是，实际上不会进行改革，但要装作会进行改革的样子。

御厨贵：原来是这样啊。这世上真有聪明人。

大田弘子：身处做决策的现场，我对这类事情变得非常熟悉。（笑）

御厨贵：即使有这样的字句，大田女士仍然会努力推进自己的改革吗？

大田弘子：在政策上，首相的话是绝对的。因此，在施政方针演说和表明施政信念的演讲中加入自己的政策极为重要。但是，关于演讲的内容，各省厅能看到的小册子里，只有和自己管辖范围相关的部分内容，看不到其他的内容。

只有到了内阁会议，才能看到全文，但是那已经是在演讲即将开始之时，又有负责的大臣在场，所以我没有办法说应该删除"在此基础上"这样的话。

阁僚之间是平等关系。除内阁官房长官外，每个人都有其管辖权限，能做的事情也有限。内阁府是特命担当大臣，因此职权很小，但能负责经济财政咨询会议，并且首相是这个会议的主席，所以可以通过这个会议来制定政策。

是官僚的抵制推翻了第一届安倍政权吗

芹川洋一：第二届安倍内阁于2012年12月成立。当时，在野党已经自毁，小选区制已经落实，自民党的派系被打碎，执行部的力量在加强，"族议员"的力量已衰退，人们说是"安倍独大"。

在这种情况下，我认为官邸主导更被强化了。各种事情都拿到官邸，他们甚至被戏称为"开运官邸团"①。最有问题的是内阁人事局。各省厅审议官以上的人总数超过600人，这些人的人事权都被内阁人事局掌握。所以，有很多声音说，官僚们只看官邸的脸色行事。大约从这里开始有疑问，桥本先生建立的这个制度，现在在运行上是否出现了问题。

大田弘子：我不认为"安倍独大"不好，我也不认为内阁人事局有问题。因为我亲身经历了许多人想拿回干部人事权事件时期。发起公务员制度改革的是第一届安倍内阁，关键是取消了鼓励官僚提早退休的制度。因为有鼓励官僚提早退休的制度，所以需要有企业和团体提供聘任官僚的职位。而正因为需要有企业和团体提供聘任官僚的职位，所以财政投资融资机关的改革无法取得进展，行政改革也变得极为困难。

在经济财政咨询会议上最初讨论这个问题时，大家的反应令人难以置信。当时的官房副长官的场顺三先生甚至以缺席会议的形式进行抗议。据工作人员说，我们事先去做说明时，他很生气地把办公桌拍得"啪啪"作响。

也有大臣说："在经济财政咨询会议上谈论这么重要的问题，非常荒谬。应该在'阁僚恳谈会'上讨论。"在这个时候，不仅是官僚出身的大臣反对，几乎所有人都在反对。

---

① 日本有一个电视节目，名字是"开运鉴定团"。

行政改革担当大臣佐田（玄一郎）先生中途辞职，后来由渡边喜美先生接任。虽然行政改革担当大臣负责改革，但要在咨询会议上做关于行政改革的报告。所以，每天晚上，官房长官盐崎先生、渡边先生和我都会聚在一起，讨论如何将行政改革推行下去。这确实很困难，但是安倍首相一步也没有退缩。

最后，成立官民人才交流中心以支援官僚的再就业，并且使国会通过《改正国家公务员法》再度延期。要使人事权脱离各省，真的是困难重重。

芹川洋一：官僚们真的是拼命反对。安倍先生第一届政权之所以倒台，当然是与养老金记录问题和多个大臣的问题发言有关系，但这只是表面。实际上，当时有一种看法是，深层原因在于安倍先生试图着手改革公务员制度，但遭到了官僚的抵抗。

大田弘子：是有这个原因吧。毕竟官僚的人事制度是建立在以提早退休制度为核心的基础上的，这方面改革的阻力非常大。因此，我绝对不认为，将干部的人事权归还各省厅是个好主意。

随着桥本内阁的省厅改组，内阁官房和内阁府的职能不断增强。从各省厅借调来的人，现在工作时要从整体政策的角度出发。但是，即使借调到内阁府工作，有些人也只看着自己原本所属省厅的脸色行事。在某些情况下，内阁府的审议官要故意指派他们从事与原属省厅无关的工作。

为内阁官房和内阁府工作的人，需要一个能够在事后奖励他们的机制。如果为整体利益努力工作的人不能在自己的部门得到晋升的话，以后就再也不会有人愿意为国家整体利益工作了。所以我认为，创建内阁人事局非常有意义，并且这个意义到现在也很重大。

官邸掌握所有官僚的信息——内阁人事局的功与罪

芹川洋一：我认为，从内阁人事局能够监督官僚的人事这一点看，政治主导不是一件坏事。但是，有人批评说他们在有的地方做得太过分，在人事上插手太多。

御厨贵：这可能与官房长官菅义伟的行事风格有关。现在，菅先生领导下的内阁人事局局长杉田和博先生是警察出身，他在处理人力资源事务时，有时的确没有必要做到那个地步。

官僚的人事本来在每个省厅内部是有一定路径可循的，即使有时会有偏离，也都会重回正轨，但现在无法回到正轨。

这是因为菅先生插手了人事工作。菅先生在担任官房长官的第二年告诉我："看着吧，接下来我要实现我的人事安排。"

我说："您很了解来自各个省厅的各种人才啊。"他回答："因为我一直努力做到这一点。"菅先生在每个省厅的每个地方都安插了"间谍"，因此每天都会收到情报。虽然说是"间谍"不太好听，但据说这些来自现场的情报是相当精确的。

关键是连法务省和最高裁判所等一向不会介入的地方的人

事事务，他也介入了，而且介入很多次。通常的做法是干预一两次，稍加威胁，以后就不会再干预人事安排。

杉田先生在菅先生的领导下工作，他对公安情报非常熟悉，能使用各种手段找出每个人的阴暗面，其手法实在令人称奇。因此，现在在官邸工作的数百名官僚的一举一动，他都掌握在手中。

从这个意义上讲，现在的官僚人事与以往有所不同。从某种意义上说，是警察掌控着人事，使它整体变得更阴暗。自己所有的信息都被人掌握着，没有人敢抱怨人事安排，因为警察令人恐惧，我认为这有些过度了。

大田弘子：目前的情况我不太了解，但是我不认为对人事的政治干预全部都是对的。在企业管理体制下，即使是按传统设有监事会的公司，也会设有提名咨询委员会。

提名咨询委员会与设有提名委员会的公司的提名委员不同，虽然其本身并没有人事任命权，但会审查人事决定过程。例如，查看社长决定继承者的过程是否恰当，或者在决定继承者时是否肆意、武断地施加了影响。我认为，官僚人事制度中也可以有这样的审查管理机制。重要的是，要有外部的监督，如在为什么选用此人或通过什么程序选用了此人等问题上，监督是否存在随意决定的情况。

我听说，在英国，各个省厅的次官等干部人事，由高级公务员选拔委员会决定，该委员会中还有专家。如果有这样一个提名咨询委员会，可能也不错啊。

御厨贵：如果负责监督的只是内阁人事局局长和内阁官房长官，那感觉就像是"另一种随意"。

芹川洋一：即使在美国的制度下，总统由政治性官员任命，也是要接受国会审查的。从这个意义上说，其实日本没有任何审查机制。

大田弘子：过去的官僚人事太过依靠政府内部。在第一届安倍内阁中，菅先生任内务大臣，曾因NHK收视费问题撤换负责的科长。当时的这种应对方式让我学到了很多，如果不进行人事改革，大臣就没有任何管理官僚的权限。

大臣就像游客一样不停轮换，因此，官僚们只要礼貌待客就好。至于政策，则是要和自民党的议员们一起制定，尽管大臣拥有人事权，但它一般并不奏效。

芹川洋一：现在的任命权在大臣手里，但内阁人事局拥有否决权和推荐权。

大田弘子：因为是与首相和内阁官房长官协商之后任命，所以内阁人事局也有否决权。

芹川洋一：有些扭曲，或者说是有些奇怪。

大田弘子：以前人们常说，即使政府更迭，日本的官僚也可以保持连续性，这样非常好。因此，虽然很难，我们还是对官僚的人事制度做出了重大改革，只是还必须设计一套能有效运作这一制度的方法。

芹川洋一：制度这种东西，会不可避免地从一个极端走到另一个极端。

大田弘子：虽说如此，我们也绝不能回到过去的那个样子。

芹川洋一：如果做得不好，有可能会回到过去。换句话说，因为有安倍、菅和杉田这些人在，所以现在才是这样。人不同时，制度又会改变。

御厨贵：在制定这个制度的时候，没有预设人的改变。所以，当人不同时，该如何运用它是一个问题。正如现在这样，（内阁人事局局长掌握信息）都是依赖个人的。关于官僚的信息也不能写在纸上，这些全都在他们的脑海中。只要是靠人运作，它就还不是一种制度，但是我认为不可以回到原来的制度，因为以前每个省的独立程度都太高了，只不过，运用制度的分寸很难把握。

大田弘子：在日本，如果出了点问题，人们很容易就会说："看到了吧，所以说改革是错误的。"我们必须开动脑筋，去研究改革以后如何让新制度能够顺利运作下去。

芹川洋一：（改革）取决于制度、运用和人。不是改变了制度就可以，如何运作极其重要，人也非常关键。

大田弘子：有很多人认为原来的制度好，想要改回去的呼声依然很高。

芹川洋一：即使改变了制度，在运作的过程中也会有人尝试改回去。不知道安倍政权会持续多少年，很难预料下届政府将如何运作这一制度。

御厨贵：安倍政权在2018年的总裁选举中获胜，这个制度会持续十年。经过了十年，制度基本上就稳定了，这就是为什么制度运作很难。之后将是没有参与过制度制定的人开始运用这一制度，而且下一届政权在某些方面可能不得不否定当前政府。

芹川洋一：人事向来就是后任否认前任。

摆脱政府依赖型经济

芹川洋一：下面让我们来回顾一下您直接参与的工作。请您从亲身经历来谈一谈对首相的领导力等的感想吧。

大田弘子：我是在2002年小泉内阁成立一年后，被借调到政府机关的。我觉得小泉先生是个与众不同的首相，在经济政策上没有任何"禁忌"。

以前，政策里始终有类似"禁忌"的东西。医疗费用下调和邮政、储蓄事业民营化都是"禁忌"，或说属于无法改动的部分。但是，这种"禁忌"一下子全没有了。

例如，在规制改革中，小泉首相在经济财政咨询会议上发言说："既然要进行监管改革，就要从反对声音最大的地方开始，先在股份公司参与医院、股份公司参与国立大学以及农业股份公司化这三个地方做出可以效仿的案例。"关于地方分权，小泉首相说："总务省以前是自治省，但实际上是一个中央集权省，不管什么事情，都必须由中央决定。"首相这些直截了当的发言令我非常惊讶。

小泉内阁并不是由派系大佬推荐出来的，而是首相本人点名组建的。最初的小泉内阁实际上是名副其实的"内阁主导"。

当时，我只是一个参事官，不能出席咨询会议。我只是在会议记录里看到盐川（正十郎）财政大臣和片山（虎之助）总务大臣等阁僚真的是用自己的话在发言，出现过类似"龙虎对决"的精彩场面。扇千景国土交通相的发言也非常自由。

芹川洋一： 这在很大程度上取决于个人啊。

大田弘子： 他们不是按工作人员准备的台词发言。

用"骨太方针"表明内阁的整体大方针，里面包含各个大臣主导制订的改革计划。首相有时会给出"作业"，要求每个大臣提出改革计划。当时的气氛充满了改革意欲，让人切实感到是内阁在做主导。

我认为小泉内阁的最大成就是，摆脱了政府主导的经济。在 20 世纪 90 年代，公共工程支撑了经济，尤其是地方经济。而现在，这些公共工程被大大减少了。

"后小泉时代"的巨大反弹

大田弘子： 作为反弹，第一届安倍内阁时期，关于通过公共事业支援地方经济并回到以前的状态的呼声很高，其压力非常之大。从 2002 年世界经济开始复苏以来，内阁的危机意识减弱了。执政党的国会议员一直在抱怨，要求"重返过去"。这正是在社会贫富差距问题引起热议的时候，也就是"NHK 特别节目"中的"穷忙族"一词流行的时候。

如果思考一下，就会知道，在 20 世纪 90 年代，世界经济发生了巨大变化。冷战格局结束，欧盟诞生，新兴国家兴起，这大大加速了全球化的进程。在日本，人口老龄化在20世纪90年代以惊人的速度发展。

在这种情况下，原有的经济结构将无法维持。全球化导致制造业走向海外后，地方经济靠什么支撑？只剩服务业了。但服务业的就业不同于制造业，容易变得不稳定。

尽管必须从根本上考虑这些问题，但国会只是一味地批评这些都是小泉改革造成的，认为如果恢复原状，一切就会变好。这是一个很困难的局面。

芹川洋一：民主党一直这样批评。

大田弘子：民主党是这种批评运动的"先锋"。想必对安倍首相而言，在小泉内阁之后执政非常辛苦。他所做的一切都被说成是改革的倒退。第一届安倍首相内阁还改革公务员制度，实施航空自由化，以提高最低工资作为减少"穷忙族"数量的对策。在财政方面，政府也关注小泉内阁最后实行的统一支出和收入的综合改革，并试图遏制社会保障支出的增长。但是，这一点也不断受到批评。

芹川洋一：当时，就这个问题，小泽先生在民主党内发起了挑战。

大田弘子：另外，大臣辞职的问题也不断出现。结果，内阁以非常令人失望的方式结束了，一年的时间实在太短了。

到了福田内阁，从一开始就出现了更大的反弹。通过财政支出和收入的综合改革来削减社会保障和公共工程费用的工作，更难以进行下去。官邸也开始传出要停止改革的声音。

特别是，每年压缩2200亿日元的社会保障费本来并不是削减，只是抑制原本会增长的额度。但是，这也遭到了来自执政党和在野党两方面的强烈批评。在厚生劳动和教育等相关问题上，执政党和在野党出现了一致的声音。

福田首相组织了社会保障国民会议。我本来想在咨询会议上提出税制和社会保障的综合改革。但是，据说那样做的话，反对会太过强烈，会导致本来能做的事情也做不了，所以我就没在咨询会议上提出。

执政党和在野党达成一致，才能进行社会保障改革

芹川洋一：原来是因为（在咨询会议上）做不到，所以组织了国民会议啊。

大田弘子：我不知道组织国民会议是否是因为咨询会议上不能这样做。但是我觉得，福田首相也考虑过与小泽先生（民主党）组成一个大联盟。放眼其他国家，没有执政党和在野党的联手，就无法完成社会保障改革。关于建立大联盟，我与小泽先生在私下也进行过商讨。总之，在扭曲国会①的情况下，吃尽了苦头。

御厨贵：当时，民主党明显是在欺负人。有的时候，我心想，民主党应该不会那么过分，社会保障改革议案最终会通过的。但是，结果都是遭到反对而无法通过。

---

① 众议院和参议院分别由执政党和在野党占多数。

大田弘子：当时，有非常大的舆论压力，要求经济财政咨询会议的民间议员到国会答辩。咨询会议和监管改革委员会成为攻击对象，被人指责说"由没有在选举中受过洗礼的民间议员做决定，不成体统"。

但是，民间议员并没有做出什么决定，做出决定的是国会。所以，我想阻止召唤咨询会议的民间议员到国会。作为大臣，我可以站在那里答辩，但我并没有召唤民间议员的理由。

特别是在参议院，在野党占主导，做得非常过分。预算委员会首席理事林芳正先生竭尽全力，但最终经济学家兼咨询会议成员八代尚宏先生还是被召唤到国会了。当时的参考人[①]进行了长达四个小时的答辩，八代尚宏先生坦然且毫不气馁地做了答辩。

总之，感觉是执政党和民主党一起加强了对社会保障改革的批评。

芹川洋一：在野田政府时，作为执政党的民主党，与自民党总裁谷垣先生和公明党代表山口先生在税收与社保的综合改革问题上达成了三党协议。如您所说，除非执政党和在野党达成一致，否则社会保障改革是不可能完成的。

大田弘子：社会保障体系有太多会被人诟病的地方。对养老金制度不停地做事后修补。要想批评的话，处处都可以批评，但是关于应该怎么办，却没有人知道。

---

① 指出席国会的委员会并代首相、大臣等进行答辩、说明的公务员。

芹川洋一：直到今天都还没有制定出一个要如何做的方案。

第一届安倍政权的"抑郁"

大田弘子：第二届安倍内阁成立后，媒体的反应令人惊讶。第一届安倍内阁曾被强烈批评为"改革的倒退"，与以前那些尖锐的批评相比，这次媒体变得相当温和。小泉改革后，无论做什么都会被看成倒退，媒体可能是意识到这一点了吧。

芹川洋一：也是这个小泉首相太……

大田弘子：太独特了。另外，小泉执政持续了五年半，这一点也很重要。有些事情，只有长期执政才能做到，政策从制定到实施至少需要一年的时间。

芹川洋一：关于小泉先生，有一点令我感到遗憾的是，他最后一年本可以做些事情，如税收问题、社会保障问题，本来可以有些作为的。

大田弘子：那时我不在内阁府，所以没有近距离观察，但确实如此。

芹川洋一：这就是我对小泉先生评价不高的原因，他浪费了自己当首相的最后一年。

大田弘子：当时，竹中先生担任内务大臣，本可以有所作为，但没有了改革的指挥塔，或者说没有了牵引力，也就无法施展拳脚。

御厨贵：小泉先生与在大选中胜出的中曾根先生处于相

同的状况。如果任中曾根先生自由发挥，他可以做很多年首相。他的任期作为特例，仅为一年。小泉先生还有两年任期，但他在上任一年后很随便地辞职了，也不知道他为什么辞职，而且在最后一年中他也没有做任何事情，您说的没错。

安倍先生的一个不幸之处是，有一个"小泉的幽灵"存在。小泉先生离任前，总是只用一个个金句让人们兴奋，在这样的情况下，他就把接力棒交给了安倍先生。安倍先生出任首相时，我受共同社的委托采访了他。他非常努力、非常认真地回答了问题。但当被问到"您有什么金句吗"时，他说："我没有那种才能。大家都这样问，就是对我有这样的期待吧。这非常令人忧郁。"安倍政权是在这种抑郁中开始的。

人们向安倍先生要求小泉式的东西。如果安倍无法做到，就会在改革或其他方面给人一种"这个安倍先生也许不行吧"的感觉。

大田弘子：小泉首相在任时，每天都会举行两次新闻发布会。安倍首相将其改为一次后受到媒体的强烈批评。我想可能是因为媒体感觉自己被轻视了。但是，不是人人都擅长说"政治金句"的。

芹川洋一：小泉先生将由负责采访首相的一名记者几乎24小时在首相身边进行采访的形式，改为中午和晚上两次接见记者。晚上会有电视摄像，但中午没有。这就是为什么小泉先生白天非常敷衍了事，但是在晚上有电视台摄像时，就会突然说出一句金句来。安倍先生说自己做不到，所以改成一天一次。这从某种方面煽动了人们对小泉先生狂热追捧的情绪。

大田弘子：小泉先生擅长媒体宣传。

芹川洋一：但是，狂热之后会很危险，每个人都曾对近卫文麿非常狂热。我认为，对政治改革也好，对民主党政权也好，对小泉先生也好，媒体似乎一起狂热了。当狂热过去，人们仔细思考时就会反思："这到底算是怎么回事？"

大田弘子：对于媒体来说，能够做出头条新闻很重要。所以从某种意义上说，小泉首相在这方面比较擅长。

福田首相别具一格的诙谐没有被理解

芹川洋一：有个语言学家说，小泉先生的说话方式是融洽谈话型，是能引起共鸣的说话方式。安倍先生说话是报告谈话型，就像做汇报一样，"因为 A 所以 B，因为 C 所以 D"。这样，媒体就找不到可以成为头条新闻的标题。小泉先生经常说"我非常感动"，所以每个人都会被感动。（笑）

大田弘子：福田首相也是，与其表面看起来的很不相同，他喜欢说笑话，并精心设计笑话，希望让人们发笑。福田先生担任首相时，在临时发布会上，他一开始一定会说些诙谐的话。但是，许多采访官邸的记者是政治部①的新人，所以听不出其中的诙谐。因为他表情一丝不变，笑话又设计得太过精心。可以看出，福田首相对此感到很失望。

---

① 日本的各家新闻单位常驻国会的办公室所在地。

芹川洋一：与福田先生交谈真的很有趣。但有时也有一种感觉，就是自己似乎在被挖苦。

大田弘子：有些玩世不恭。

御厨贵：福田先生是这样的人啊。

无法做出职业规划的政治家

芹川洋一：接下来，正如我之前提到的，过去有各种各样的"族议员"，这些"族议员"有两面性。利权方面的问题是不好的一面，但在另一面，有的"族议员"有非常高的专业性。

过去，中选区制下的一个选区中，会有3—5个政治家当选。所以，能够培养出有高度专业性的"族议员"。但是，改成小选区制后，议员必须了解各种问题，并向选民解释各种事情，只了解一个特定领域，是干不长久的。

前面曾说过，官僚主导等同于党主导。在官僚的权力衰落的时候，党的"族议员"的权力也衰落了。我认为问题出在，曾经在议员、官僚和企业家的"铁三角"下进行集资的"族议员"已经没有了。这导致的一个问题是，再也无法培养高素质的议员。

御厨贵：在小选区制下，政治家认为他们可能会在下次选举中落败，他们无法设计未来的职业道路。在中选区制下，除非有特别的问题，他们可以多次连续当选。然后，派系大佬会为当选者规划好职业生涯。例如，"如果当选五次，就可以到达这个职位"。议员会努力让自己精通某一领域。

但是现在，没有人为他们做规划，他们只能独自想办法。没有现成（派系安排）的路可以走，要自己从头规划和寻找晋升途径，这种境况很可悲。而且，不知算是幸运还是不幸，安倍政权连续赢得了选举。所以，本来只能当选一届的议员再次当选了。但是，即使他们重复当选，也学不到任何东西。

正如在第一章谈到的那样，在国会中没有培养议员的地方，是最大的问题。

过去，各派系代为培养年轻议员，这些派系各有特点。例如，三木派非常注重理念，但因为只靠理念不行，所以实际上还擅长"脚上功夫"①，很独特。

特别是最典型的派系田中派，第一次当选的议员要出席国会所有委员会，派内会有专人拿着名册走来走去进行检查。虽然有些过头了，但通过这种方式教会了议员一些东西。

过去有这样的文化：初次当选的议员即使出席委员会，也不明白大家在讲些什么，如果不明白，就在那里听着。这种做法看似浪费时间，实际上是在培养议员。但是，现在年轻的议员只在自己能听懂的地方露面，我认为这根本不行。

安倍先生对议员的培养毫无兴趣，他自己没有接受过培养，所以认为议员是要自己学习的。

"族议员"对改革到底有多认真

大田弘子：我很清楚地记得，当第一届安倍内阁成立

---

① 指实践。

时，松冈利胜先生就任农林水产（简称"农水"）大臣，我去大臣官邸寒暄。我说："咨询会议要请您多多关照。"松冈先生告诉我："大田女士认为我是'族议员'吧？的确如此。但是，'族议员'最终是要成为改革家的。"

虽然很不幸，松冈先生以自杀的方式结束了生命，但他恢复了日本对中国的大米出口，并致力于同澳大利亚达成自由贸易协定。安倍首相和澳大利亚总理霍华德关系很好，因此无论如何都希望与澳大利亚达成自由贸易协定。我认为，这也是松冈先生被任命为农水大臣的原因之一。

的确，"族议员"所依赖的行业越细分，"族议员"的活跃舞台就越小。我记得，有一些在农业上有实力的议员，组织能力非常强。我认为，他们不只是在会议上经常能发表有力的讲话，很有见识，认为必须以长期发展的眼光去改变行业，也有把周围人组织在一起的能力。

如果要说"族议员"和小泉首相之间的区别在哪里的话，那就是速度感。我觉得国会议员对尝试进行改革的首相的意见是："那样太急，不行。"

最近，西川公也先生为TPP成功整合了农业相关方面的意见。这样的人现在还有多少呢？已经不多了。

芹川洋一：统领组织的能力正在减弱。

大田弘子：例如，从社会保障方面看，仍然有很多议员是厚劳族[①]。但是，有一个疑问是，"这样下去，社会保障将会

[①] 厚生劳动族的简称，在福利和社会保障等方面有影响力。

无法延续,必须做出改变"的意识是否在起作用呢?

围绕税制的地盘之争

芹川洋一:大田女士,您是政府税调①的成员。以前有一个名叫山中贞则(前自民党税制调查会会长)的人,拥有极大的权力。现在自民党在税调方面的权力如何?

大田弘子:与那时完全不同。我担任审议官时曾出席过自民党总务会。我记得,当时久间(章生)先生是总务会长,这位山中先生也出席了会议。久间先生可能是出于紧张,说:"中山先生今天大驾光临……"然后,山中先生说了一句:"我叫山中!"当然,这是个笑话,但他的确有一种压倒人的威势。

当时,竹中大臣讲解了他的"骨太方针"。后来,我听说山中先生最终对他的评价是"非常出色"!

芹川洋一:山中先生是个武士。

大田弘子:真是武士,他非常有存在感。

由于税收是经济政策的基础,在咨询会议进行讨论,并在"骨太方针"里正式加入税收改革是我们的夙愿。但是,关于税收,出现了十分激烈的地盘争夺战。在福田内阁时期,当我们想把个别税收项目纳入基本政策时,财务省主税局出来阻止,而且还跑到曾是自民党税制调查会主要成员的内阁官房长

---

① 税制调查会的简称。

官町村先生那里游说。反对的并不是额贺先生（财政大臣），而是主税局。反对的理由是："这将改变迄今为止由税制调查会领导的做法。"

那么，就由自民党税制调查会会长津岛（雄二）先生来做出最终决定吧。我和总税局的人一起去了津岛会长那里。我平时一直都会告诉津岛先生我想做什么，所以他说了一句"不觉得有问题"，表示了赞同。咨询会议的议长由首相担任。但是，毕竟税收程序很特殊，哪怕试图对其进行一点点改动，都会闹得天翻地覆。

芹川洋一：过去和现在的情况完全不同啊。现在的宫泽洋一（自民党税制调查会会长）会长怎么样呢？话说回来，政府税调从未有过什么存在感。

大田弘子：自民党税制调查会的报告在早报上发表，政府税调报告在晚报上发布，存在一定的时间差。所以说"党高政低"。现在，政府税调的存在感甚至更低。

由于税收就是政治，税制调查会的力量大可以理解。但税收直接驱动经济活动，所以背后必须有坚实的逻辑。由于所得税和法人税等各种税项相互关联，整个改革必须是整合的。因此，政府税调是非常重要的。

政府税调要确定使用哪种税制以及采用什么样的时间表，这是在政府机关阶段就决定的。我认为，政府税调也应该在内部加强由政府税调委员主导的元素，让委员能够独自提案。但是，现在根本没有做到。

政府税调的成员是由代表各个阶层的人员和专家组成

的。但是，不应该采用这种寻找共识的做法，而应采用由专家组成特别工作组的做法。这是很久以来一直都在进行讨论的，应该由特别工作组总结改革案，然后听取各种意见，再作出修正。

我认为，从民主党政权重新转为自民党政权后，政府税调的形式应该做出大幅调整。不过，虽然成员不同了，但结构并没有什么改变。我非常失望。

官僚进行"忖度"是理所当然的

芹川洋一：大田女士您本人做过官僚，也曾经管理过官僚，在这个立场上，从自身经验出发，您如何看现在的官僚？在过去与大家的相处中，您感觉如何？

大田弘子：官僚总是受批评的一方。因为他们在决策中担负的责任过大，要承担协调职能。

官僚的一个主要工作是完成"执政党程序"。官僚与执政党议员相互依存。对于议员来说，官僚就像一个非常出色的智囊团。同时，官僚也依靠执政党议员来通过法案。

结果，官僚机构承担了相当大的协调职能，承担预先做工作以取得一致意见的任务。尽管设立了国会议员的政策担当秘书，想改善这一状况，但结果什么都没有改变。

芹川洋一：只是多了一个秘书。

大田弘子：我想，这是因为政策的制定与执行是相当有难度的，除了霞之关①的官僚之外，能理解的人不多。还有一部分原因是，劳动力市场不流动，政策咨询市场还没有建立起来。在美国，这样的政策咨询市场已经形成，一个人可以大声宣传"我提出了这样一个政策"，然后就会被议员请去做秘书。

我以固定任期的形式进入政府部门，但还属于国立大学，所以是被借调到文部科学省的。如果是从公司辞职后进入政府部门，那么年金之类的手续会很难办理。假设任期是两年，那么在第二年就必须出去找工作。如果劳动力市场有流动性，那么或许在霞之关的工作还有助于找到下一份工作。但是，在现在的情况下，官僚人才可以发挥作用的地方很少。

公务员制度改革的目标是"旋转门"。如果废除官僚的提前退休奖励制度，离开了政府部门，他们还能去哪里？如果他们从年轻时候开始有一个"旋转门"，轮番经历大学、私人公司和政府机关的工作，就没有问题了，但是这从未实现过。

还有，最近忖度备受批评。但是，忖度是理所当然的。官僚们会说"我将竭尽全力为大臣工作"。我认为对于公务员来说，这是理所当然的事情。

芹川洋一：官僚是"仆从"。

大田弘子：所以，为身为行政部门最高职位的首相服务更无可厚非。当然，我不认为可以为了忖度而篡改文件，但是

---

① 位于东京都千代田区，是日本的行政中枢，有很多中央政府机关集中在这里，也被译为"霞关"。

忖度是必要的。

刚才说到的"旋转门",从两个方面来看都是必要的。首先,官僚拥有了专门知识,才能去其他地方工作。然而,存在一个问题,即现在官僚最大的专业技能就是协调工作,这在其他地方没有用处。

我也是从外部进入政府部门的。我觉得,从另一方面看,政府部门需要来自外部的"眼睛"。如果有这种监督,就不会出现篡改文件的问题。私人公司也有篡改文件之类的问题。所以,组织中的每个人时刻都意识到"自己的所作所为能否向外人解释"这一点非常重要,这样就不会出什么大的丑闻了。我认为这才是"治理"。

从这个意义上讲,如果官员们是"为国家服务"的,就必须能够让外界看到自己正在做什么。

人才远离政府机关的原因

御厨贵:看着最近的年轻官僚,觉得问题在于各个省厅的各个科以及下面的各个组做决定的速度都比过去慢。当被问及自己科室为什么做决定这么慢时,他们的回答是:"因为需要解释说明。"

就是说,要有一个说服所有人的过程,所以科室内做决定都会很慢。在科室内的决定很慢的情况下,各科之间的进一步讨论将被推迟。从整体上看,他们花费了大量时间来做解释说明。

过去可以跳过这个过程，做出"就这么定了"的决断。但现在，要向所有相关部门——做出解释说明。

在政府机关内，我也发现这是个问题，他们问我："该怎么办？"我回答："可以跳过那些解释步骤。"他们又说："不能跳过。我会很担心。"于是，我又说："没关系，即使被降一次级，也不会有问题的。"结果，他们说："您能担保吗？"

大田弘子：他们是向谁解释说明呢？

御厨贵：不清楚。似乎是科长或科长助理在与其他科讨论时，经常会被说："你们的说明资料还不够充分。"以前，科长有足够的能力来决断来自下属的事情，现在则缺乏做出决断的气度。

大田弘子：听说即使到了审议官一级，"自由裁量"的空间也越来越小。另一方面，职能不断增加。换句话说，出现这种情况，是因为权限范围变小了。听说过去科长可以自行裁定、做决定，而现在要审议官一级才能做决定。以前审议官可以自行裁定、做决定的，现在要局长才能做决定。

御厨贵：这样还导致了另一个问题，就是官员们需要做大量的事务性工作，经常加班，因为他们没办法在工作时间内处理完工作。

在这方面，最近我听到了一个有趣的说法。以前，东京大学法律系的毕业生，有许多都成为官僚。但最近，有许多人成了涉外事务的律师，现在这些从事涉外事务的律师开始回到霞之关工作了。

据说，原因在于涉外事务律师的工作极其辛苦，令人心生厌倦。这些人现在已经在各省厅工作，任期是两年左右。这些人正在为国家工作，他们曾有辉煌的事业经历，因为在外国律师事务所赚了足够的钱，现在他们不再需要为赚钱而工作，而更愿意为国家工作。

律师的工作涉及很多纠纷，越来越多的人厌倦了在午夜被电话吵醒。他们现在在为法务省、法制局、财务省和金融厅工作。关键在于今后如何更好地发挥他们的作用。如果使用得当，官僚将越来越出色。

芹川洋一：东京大学的法学院似乎有招生不足的问题呢。

御厨贵：真正想成为官僚的人还是变少了啊。

芹川洋一：在东京大学，文科一类的学生正常应该升读法律系，文科二类的学生正常应该读经济系。现在也有人从文科一类转去读经济系吧。

御厨贵：因为读经济系比较容易看到工作后可以如何发展，所以经济系更好。本来官僚是最容易预见未来发展的，但因为职业发展的路径已经消失，所以大家都不去读法律系了。

另外，所有官僚（在政府招聘活动中）都想招聘毕业生进入自己的部门。但是，听学生说，负责招聘的人似乎自己并没有自信。学生问："这个省有未来吗？"他们都会顿一下。（笑）过去，如果被问到这样的事情，官僚们会口若悬河地侃侃而谈。

大田弘子：私企的"努力工作到退休，老年就会无忧"的模式也已经崩溃了。过去，日本的大公司是终身雇佣制，升到一定级别后，如果职位选择逐渐变少的话，员工还可以被派去分公司。现在这个模式由于全球化和网络化无法维持下去了。官僚机构本来还有去私企任职的路，但现在也逐渐变得不可能了。

芹川洋一：因为私营企业已经不同于以往了。

大田弘子：所以，我们需要一种新的人力资源管理和薪资制度。要让人们每次都能体验到工作的快乐，而不是基于入职年份去论资排辈。但是，确定公务员制度改革总体方向的法律还没有出台。

提前退休奖励制度已经取消了，集中管理人事的内阁人事局也已经成立。但是，公务员制度整体改革完全没有开始，私企已经开始从整体上改变人事制度。

芹川洋一：而且，公务员还要延迟退休，那接下来怎么办？

大田弘子：如果维持原来的制度，到了上面就会全部"堵塞"在那里。然后，越是优秀的人才，就越会离开政府机关。

御厨贵：一定会是这样。

芹川洋一：在这种情况下，仍然留在政府机关的人都是……（笑）

政府官员扭曲的自尊心

大田弘子：我认为政府机关的问题是如何摆正与民间的关系的问题。政府机关进行监管时，领导"君临"的感觉很严重。我们说"监管部门"中"监管"的意思是监督，而不是领导。但是，我觉得它现在被误解成领导。而一些受监管的私企也认为政府机关是上级领导，但其实只是职能不同。

一些官员也有一种在封闭的世界中养成的潜在自尊。在应对受监管的企业时，如果对象是这家公司的总裁，就由审议官出面；对于某个级别的公司，由科长出面应对，等等。这是一种很明显的领导"君临"态度。"传呼"一词很明显地表现出这一点。

芹川洋一：现在，地方银行的人都非常害怕金融厅。

大田弘子：对记者也持"禁止入内"的态度。这很奇怪，是绝对的向下俯视的"君临"态度。这曾经是官员们自尊得以表现的地方。当然，官员肩负着国家的重任，这种自尊很重要。但是，不应该抱着过去的这种自尊不放，而应该以工作本身为骄傲，现在没有任何机制可以培养工作的自尊。

喜欢维持政策现状的经济产业省官僚

芹川洋一：现在，有些人被称为"官邸官僚"。这是指在内阁府和内阁官房工作的1000人左右的庞大人群。领导这些人的人，虽然不能说是到了跋扈的程度，但的确有很强的影响力。

前面曾提到，是警察出身的人在负责这些官僚的人事。有人说，内阁情报官北村（滋）先生和其他人已经成了秘密警察。在安倍晋三和菅直人属下，有杉田和北村等警察官僚向上报告各种信息。来自经济产业省的政务负责人金井（尚哉）先生是首相秘书官，但有些人称呼他时不加头衔，想来他是被抓住把柄了吧。

御厨贵：被称为内阁官僚或者官邸官僚的人，恐怕因为看不到具体的实务工作，不了解现场的情况。官邸官僚和各省厅部门的官僚之间的流动很重要。因为在各省厅工作的官僚有自己熟悉和负责的现场。在现场与人打交道非常重要，官邸官僚只用大脑思考而不关注现实的这种状况必须改变。

芹川洋一：和以前的军队参谋本部一样。

御厨贵：是的，参谋本部不了解实战，只用大脑思考。所以，最让人担心的是官邸官僚也会如此。

芹川洋一：有种纸上谈兵的感觉。

大田弘子：刚才谈到，现在的常态是，被借调到内阁官房或内阁府的人即使努力工作，回到原属省厅也不会得到重用。还要补充的一点就是，越是改革派，越得不到重用。

芹川洋一：应该要形成一个能够得到合理升职的制度，是吧？

大田弘子：所以，我不认为是官邸官僚不好。只要他们在作为干部的时候，全面地为整个国家考虑，真心想要进行改革，就非常好。

但是，我认为当今的经济政策存在一个问题，就是起主要作用的是经济产业省的官僚，而不是官邸官僚。经济产业省不想做彻底的改革，他们喜欢小额补贴和小的政策税制。而且，由于中小型企业厅的存在，政府从一开始就不喜欢鼓励行业新陈代谢的政策。这一点已经体现在增长战略中。

增长战略有两个方面：一个是消除增长的障碍，另一个是通过补贴鼓励开创新业务。两者都很重要。但是，通过补贴鼓励开创新业务占了绝对多数。

芹川洋一：这就是"僵尸企业"仍然存在的原因。

大田弘子：经济产业省喜欢维持现状，不进行新陈代谢。所以，从经济政策的角度来看，我认为经济产业省的官僚的问题更大。

芹川洋一：当然，在不久之前，大藏省官僚过于强大也是个问题。在桥本内阁时期，虽然通产省官僚江田贤治先生很强势，但那毕竟是大藏省官僚强大的时代。而现在，经济产业省的官僚则过于强大了。

御厨贵：安倍晋三政权从2013年开始，已经持续六年了，经济产业省的官僚跋扈的时代一直在持续。

安倍经济学无法制定长期政策

大田弘子：现在的问题是，财务官僚不会做政策市场调研，或者说财政至上主义非常明显。对财政当局来说，这没有问题，但这一点太过明显，就像在说："一个不考虑财务状况的人，就不是国民，就是没有认真思考日本的未来。"财务省的人觉得，国家的钱好像来自他们的腰包，这个问题该怎么解决？

芹川洋一：因为财务省的人只看财务状况，看不到国家整体的情况，安倍先生疏远了他们。我认为保持些距离不错，但因此有大量经济产业省的人进来了，他们有了太大的话语权就……

大田弘子：必须做一些困难的事情并取得突破。但是，安倍政权不肯做这样的外科手术。

芹川洋一：只做对症治疗的工作。

御厨贵：这是内科的做法。

芹川洋一：安倍政权做的，都是眼前的暂时性工作，没有用长期的眼光去思考，当所有"团块世代"①都超过75岁，也就是2025年之后，日本该怎么办？本来，官邸官僚们必须从长远的角度来考虑这个国家，但很不幸的是，他们没有这样做。

大田弘子：安倍经济学的第一支箭（金融政策）和第二支箭（财政政策）都是短期政策。如何加强供给方很重要，从这个意义上讲，安倍政权所倡导的本身是正确的，生产性革命和人才革命都是对的，但是，其中最困难的部分没能做。

说到生产性问题，产业的新陈代谢要怎么做？说到人才问题，解决长时间工作的问题和提高非正规雇员的薪金都很重要。但是，如何使劳动力市场具有流动性，让人力资源可以流动到正在增长的领域等问题都依然存在。

安倍内阁应该努力去做的社会保障改革、税制改革和劳动

---

① 指日本在1947—1949年出生的一代人，是第二次世界大战后日本出现的第一次婴儿潮中降生的人口。在日本，"团块世代"被看作20世纪60年代中期推动经济腾飞的主力，是推动日本经济发展的脊梁。

市场改革，事实上都是非常困难的改革。成功进行了这三项改革并达成了更大经济增长的是德国前总理施罗德。

施罗德于2003年发起了一项名为《2010年议程》的改革计划，改革了劳动力市场、税制和社会保障，重建了被称为"欧洲病人"的德国经济。但成果则是在默克尔出任总理时显现出来。2003年以"2010年议程"的形式发起的改革，实际出结果是七年之后，而施罗德在此之前输掉了选举。也就是说，不仅强化供给方的政策会遭到强烈反对，而且要想政策取得效果，也需要很长的时间。

芹川洋一：也就是说，政治的风险巨大。

伴着痛苦的改革是因为选举太多

大田弘子：我认为，第一届安倍内阁在社会保障改革问题上遭受了打击。当时，社会保障的增量控制在5年内1.1兆日元，也就是每年的增量控制在2200亿日元。结果，这遭到了猛烈抨击，甚至有人认为，这导致了安倍政权倒台。因为从政治角度考虑，社会保障改革不会带来什么好处。

芹川洋一：如果考虑未来，则必须有人在某个时候采取行动。但是，从政治角度考虑的话，很难下手。

大田弘子：我不知道在一个总是有选举的国家，要如何进行结构改革。

芹川洋一：有答案吗？

御厨贵：安倍政权每年都举行选举。在参议院选举之间的间隙举行众议院选举。赢得了选举之后，短期问题可以得到解决，但是频繁地解散议会，就不可能推行伴有痛苦的长期改革。不应该搞解散选举，哪怕四年也好，执政党和在野党应该用四年的时间共同思考。只有这样，才能着手解决中长期的问题。更何况，在安倍内阁，"在做事的感觉"是最重要的。

大田弘子：日本经济政策的主要问题是，执政党与在野党没有什么区别。不同于美国的共和党和民主党、英国的保守党和工党，执政党和在野党都倾向于重视分配并增加支出，两者都重视供给方的立场。

例如，有一篇关于育儿的名为《去死吧，日本》的博客曾经成为热门话题，当时的民主党相当重视。那么，民主党人真的是站在父母和孩子一边的吗？不是，他们重视的是幼儿园老师的立场，自民党也重视社会福利法人和保育员等供给方。我怀疑日本可能没有一个真正代表用户和消费者的政党，比起政策的制定过程，这才是更大的问题。

经济有变化，制度却没有改变

芹川洋一：那么，作为一名经济学家，从经济角度，您如何看待日本政治？

大田弘子：在日本这个国家，如果大家有共同的危机感，就可以发挥出巨大的力量。在第二次世界大战中战败后，立即积极获取技术；在第一次石油危机期间，作为资源匮乏的国家，日本创造出世界上最好的节能技术；即使发生大地震，我们的出色行动也获得了来自世界各地的好评。

但是，当今日本面临的问题是全球化和老龄化。这些问题是一点一点变化的，所以很难让大家产生共同的危机感。我认为决策者的责任是，要一直考虑如何创造十年后的高质量就业机会。在瞬息万变的社会，要想为将来创造就业机会，必须进行企业重组。但是，这并非易事，最大的问题是，我们无法让大家产生共同的危机感。

因此，我认为重要的是"世代轴心"。最近，由于规制改革推进会议的关系，十年来我第一次参加自民党的厚省劳动委员会。关于改革，有些地方与以前相同，但有些地方已经不同了。那就是年轻的议员们怀有相当的危机感，他们认为这样下去很危险。

一些议员赞同规制改革推进会议的建议，有议员问我今后该如何处理社会保障问题。我认为在过去的十年里，气氛已经改变，对于年轻的议员来说，未来十年确实会有危机。

在经济方面，"物联网""大数据""人工智能"已成为日常用语，数字化已进入新阶段，被称为"第四次工业革命"，变化极其迅速。技术和商业模式都在很短的时间内发生转变。但是，日本的制度并没有什么变化。

这就是为什么我有危机感，而年青一代也有"这样下去日本经济没问题吗"的危机感。小泉进次郎先生等年轻的议员们明确提出了"世代轴心"。我认为，这是解决日本经济面临的问题的关键。

芹川洋一：与明治维新以及第二次世界大战后一样，它按照"世代轴心"在发展。这个轴心最近开始出现。

大田弘子：终于看到希望了。所以，我们这一代的角色是尽可能地推动下一代出场。

年青一代要主张"青年民主"

御厨贵：每个人都有自己生活在这个时代的损益得失计算，尤其是在涉及社会保障问题时。与50多岁的学者交谈，有时会很不融洽，他们说："我们拿不到足额的退休年金。御厨先生你就没有问题。你是1951年出生的吧？1952年或1953年之前出生的，都能获得满额支付的年金，在那之后出生的人的年金则会被削减。"

很多1965年出生的人问我："年金制度真的会终结吗？没有事吧？"我回答："不要问我。我不敢说我能保证你那份啊。"（笑）

最近十年，大家都开始这样说。过去有一种生活模式存在，每个人都以同样的方式生活，最终都以同样的方式死亡。但是，现在没有了，当今的年轻人无法共有这种生活模式。这确实是很严重的问题，即使是不熟悉世事的学者，也开始谈论他们对未来的担忧。

从世代论的角度看，我们这一代可以说漂亮话："不把债务留给年青一代。"但这是因为我们认为自己到那时候已经死了，所以我们这样说说而已。实际上，我们仍在留下债务，将来债务还会一直增加。

因此，年轻人必须要有年轻人的姿态，站出来说"老年人让开"。小泉进次郎先生说的改革（先不论进次郎先生本身的好与坏）必须考虑的是，在东京奥运会之后的2030年应该有什么样的政治、什么样的经济，然后去行动。我们这一代怎么想都没有用，当年青一代要求我们为未来做出牺牲时，我们也只能照做。

老一代不知道还能活多少年，即使被要求削减社会保障费用，我们也不会自己削减。因此，削减的主体必须是年轻人。"不要保持沉默，要开始一场革命！说老年民主没有用，要讲青年民主。"从这个意义上讲，我们这一代人必须被排斥在外，年轻人需要有这种力量。

改革热情减弱了吗

大田弘子：我在国会上发表过两次经济演说，有一句话我重复了两次，那就是"我们这一代人不要缩小下一代的选择范围，建立世代自立的经济社会结构非常重要"。

有一种感觉是，我们这一代人没有做我们现在应该做的事情。这意味着，在财政上缩小了下一代的选择范围，并且过分依赖于子孙后代。社会保障改革必须在我们这一代进行，不要去想能马上得到回报。

日本经济的未来仍然很艰难。不仅是人口老龄化，在一个快速变革的时代是否有能力进行变革的问题也很严峻。我认为这是年青一代的政府和官僚们能够一起发挥聪明智慧的领域。我说的年青一代，是指三四十岁的人。

御厨贵：这一代人必须努力。

芹川洋一：在政治领域也是如此，经济产业省也有年轻人。

大田弘子：是，他们撰写了一份报告，标题是《焦虑不安的个人，呆立不动的国家》。我认为年轻记者等也应该对这些声音做出回应。

御厨贵：我认为应该这样做，问题是这些没有连到一起，就像线香烟花，断断续续的。

大田弘子：我现在非常担心的是，从小泉内阁到第一届安倍内阁和福田内阁，人们都有一种"我们必须改革"的热情。但现在，这种改革热情似乎正在逐渐消退，也可能是从小泉内阁开始已经逐渐消退。但在福田内阁的社会保障全国会议上，关于是将基础年金的财源定为税收方式还是社会保险费方式的问题，连报纸媒体也参加了讨论。《日本经济新闻》阵营主张采用税收方式，《读卖新闻》阵营主张采用社会保险费方式。人们认真地进行了讨论。

现在的情况比当时严重得多，却没有这样的讨论。关于社会保障的问题，不光报纸上没有报道，实际上压根就没有人讨论。如果你说了什么，话题就会立刻被转移到歧视弱势群体或者不顾老年人上。当谈到提高消费税时，议论集中于同样的话题。可能是因为经济有所改善，逐渐走出通货紧缩，所以危机感也有所减弱，或者是由于中长期的议论本身就很少。

芹川洋一：这也是我们媒体的责任。

大田弘子：如果开始讨论了，年青一代就会有发言的基础。

芹川洋一：例如，政府的中期财务计划终于计划到了2025年。本来应该计划到2030年或2040年的，但是没有。如果发表出来，可以带来更多的危机感，人们会担心，所以政府现在试图不让人看到危机。

御厨贵：有一种害怕看到危机的感觉。

大田弘子：我认为老龄化社会中最可怕的不是医疗和护理的问题，而是各个方面只维持现状。在民间的企业，经营者年纪大以后也会停止对设备的投资，或者认为即使此时将店铺搬到其他地方也没用，大家会有这种维持现状的倾向。我认为这个问题在地方经济中也已经表现出来了。

打包解决政策问题

芹川洋一：最后，就如何制定政策的问题，我们想听听大田女士的想法。

大田弘子：这是一个难题。现在我们正在进行监管改革，深切感到进展缓慢。日本经济的最大问题是结构改革速度缓慢，我们知道该怎么办，但无法执行。我觉得我们内部缺少变革的力量。

本来，日本在第二次世界大战后的经营管理体制，有终身雇佣制、系列[①]和交叉持股等，是一个通过与业务合作伙伴和员工的固定关系来达成长期发展的模型。

---

① 企业间的一种联合关系，大企业与其承包的中小企业之间的联合关系。

所以，认为经济政策应该是"固定的"的意识很强烈。对于生产力低下的公司，在税收、补贴和法规方面予以支持，但对跨行业的支持较小，并且对换工作也不太支持。总体而言，大家对变革有强烈的抵触。

大众媒体和国民都是如此。当涉及变化时，普遍担心会不会有问题，如果情况变坏该怎么办。但是，如果没有进行变革的力量，将来就不能接受变化，经济也无法可持续发展。

那么，政策决定应该是什么样的？我认为官邸主导没有错，有一个统一的指挥塔，在首相的领导下描绘未来很重要。过去，经济财政咨询会议成为指挥塔，可以通过咨询委员会看到各种问题。但是，现在会议多得不知道是做什么的。

除非我们将它们都作为一个整体来处理，否则我们现在面临的棘手的政策问题是无法得到解决的。例如，劳动力市场改革是一个重要的问题，单靠监管改革是无法解决的。必须加强职业培训，社会保障和税收也必须一起做，这样才能实现改革。

所以，要有一个清晰的指挥塔，在首相的领导下一起描绘未来，要让一切清晰可见。

日本今天面临的与"第三支箭"——增长战略有关的问题是结构性的、中长期的，并且遭到强烈反对。所以我认为，如果不改变政策制定过程，就无法实现改革。

重新评估政策决定流程

芹川洋一： 正如在开头说的那样，小泉出任首相时，因为政策决定流程的变化，一切都开始改变了。

大田弘子：在那以后，已经过去了 17 年。由于世界经济结构和产业结构都在快速变化，有必要围绕这一点再次探讨政策的制定过程。

之前提到日本经济的变化太慢。但是，在日本，不能够"先做起来"。在美国，会不断地先行动，然后再修改法律。虽说法律体系可能有所不同，但总的来说，日本的制度很难改变。

说到监管，由于有细分的、纵向的行业法规，我们无法应对整个行业横向发生的变化，如最近的创新；也无法应对运营者的多元化，如民宿业务的运营者可能是平台运营商或提供住宿的个人。

芹川洋一：有点像一个新系统，比如"第四次工业革命"。

大田弘子：我们需要一个适应新时代的制度体系。但是，我们应该在哪里讨论这些问题呢？根据行业法规，监管机构与"当前运营者"关系密切，创新者无法进入。议员、官僚、企业家的"铁三角"有一个不允许新的一方进入的体制，它不是由用户需求驱动的。但是，现在的创新是由用户直接驱动的，政策制定过程本身正在碰壁。

"行业法规"无法应对的时代

芹川洋一：必须从议员、官僚、企业家的"铁三角"出发，创建一个四边形体制，包括政治家、官僚、企业家和消费者。

大田弘子：新经济在一个与以往不同的阶段发生变化，用户和供给方之间的界限不再清晰，如何应对这种经济结构的变化，是一项非常艰巨的任务。

芹川洋一：在很大意义上，经济的运转者正在发生变化。

大田弘子：现在，甚至连小公司也可以成为跨国公司。

芹川洋一：在互联网时代，企业能够跨越中间部分，一步跨向全球化。从地方直接到全球，全球本土化成为可能。

大田弘子：如果创建有吸引力的数字平台，将会吸引大量的用户，利用从这个平台获得的大量信息来开展其他业务，会打破现有的行业壁垒。这已经超出行业法规的范围了。

芹川洋一：日本错过了这个时代大潮，所以彻底落后于外国公司。关于这些课题，应该由谁、在哪里进行决策呢？

大田弘子：公司能否接受数字化带来的变化，并成为能够引起改变的一方，是一个关乎公司存亡的问题。同样，如果不能做出带有强烈危机感的政策回应，就不能实现可持续的经济增长。

御厨贵：只是焦虑也没有用。但话又说回来，我们讨论得越多，就越悲观。

大田弘子：是的，会变得悲观。所以，如果将这些问题留给之前提到的年青一代，或许可以看到曙光。在要应对新的经济结构这个问题上，年青一代应该能够拥有相同的危机感。关于必须制定新的政策制定流程的问题，我认为年青一代也能够充分理解。

芹川洋一：把一切都留给年轻人更好是吗？请 30 多岁或最多 45 岁的人来践行这一切。

御厨贵：不是说"老兵只能走开"，而是说"老兵去死吧"。（笑）

大田弘子：但是没有人认为自己是"老兵"。当别人说"没有人能取代你"时，你就又会充满干劲了。（笑）

年青一代应该制定"新规范"

御厨贵：现在的年轻人，特别是 25—30 岁的人的特点是"不选择唯一职业"，有很多人从事两三种工作，这是因为 IT 环境才实现的。

有的人的生活方式是：一边成立公司，另一边做 NPO 一类的工作。如果问这些人"为什么不集中精力做一个工作呢"时，他们会反问"为什么要集中精力做一个工作呢"。

他们说："同时做很多事情，就会生出很多萌芽，所以很好。这样也能够更清楚地看到社会万象。"

我好奇他们是从什么地方学来的吧。内阁已经开始倾听这些人的发言，在各种各样的审议会进行讨论。

最初他们几个人聚在一起开始做的事情，现在已经在全球范围内扩散开来。看着这个过程，我觉得现在已经不是我们的时代了。但是，这些人的发言到现在还没有从社会责任和公共性的角度出发，他们还只是在自己的世界里进行发言。

所以，像现在这样，不断地把他们拉到各种各样的审议会是一件好事。在这种情况下，他们开始了解什么是"公共"。虽然我们有必要提供帮助，但最终革命都是要由年青一代来发动的。

大田弘子：每次发生灾害，都有很多年轻人参加志愿者活动，他们有公众意识。所以，在政策的世界里，必须让年青一代能够认真进行发言。现在不是分配成果的时代，而是分配负担的时代。所以，作为不得已要去承担责任的一方，年青一代必须认真参与政策的制定。

芹川洋一：如果创造了契机的话，年轻人也会站出来吧。

御厨贵：只是还没有什么契机。所以，要把这些人拉到有公共性的地方。自然灾害发生的时候，他们都变得很敏感，会积极参与。

芹川洋一：东日本大地震的时候也是这样，年轻人都会赶赴现场。我们不会去现场，但是年轻人会去。

大田弘子：而且是马上就去。阪神大地震的时候被称为志愿者元年，那时他们的动作也很迅速。当时我在大阪大学教书，学生们一听说灾区纸巾不够，就马上买来带去。他们不是表现出某种姿态，而是先从力所能及的事做起，不勉强自己，那是一种有能做的事情就去做的意识。

说起年轻的政治家，只有小泉进次郎先生非常引人注目。对30多岁、40多岁的政治家，您怎么看？

芹川洋一：大家都很像样啊。另一方面，也有人莫名其妙，这是问题。因为竟然有人发言说"LGBT[①]的生产性……"。

[①] 指女同性恋者、男同性恋者、双性恋者、跨性别者的英文首字母缩略字。

大田弘子：所以说培养是必须的。

御厨贵：之所以能毫不惭愧地说出如此过分的言论，是因为他们没有接受培养教育。他们觉得自己当上了议员，就什么都能说，甚至有一种自己在引导舆论的想法。"我说了大家都不说的话。虽然遭到反对，但我是正确的。"这是像幼儿一样的想法，还是需要好好改变。

芹川洋一：因为政治家的教育培养体制也衰落了，所以他们会觉得说什么都可以。虽然过去也有议员对秘书进行霸凌的问题，但是如果是以前的话，派系会教他们应该怎样与秘书相处。

御厨贵：而且最近所有的东西都会扩散到 SNS[①] 上。

芹川洋一：这是因为以前只有媒体才是媒体，但现在个人也是媒体，所以全部都出来了吧。就像是日本大学的美式足球部的问题，现在也会出现在 SNS 上。

现在是可以操纵网络舆论的时代。不是像我们那时一样的大众媒体舆论，现在已经有了 SNS 舆论这样的环境。

大田弘子：但我觉得不能习惯于匿名发送。

御厨贵：匿名就如同在黑暗中进行偷袭一样，是一种非常不好的做法。

大田弘子：越是年轻人，越应该好好地做思想准备，以自己的名义制定出政策。

芹川洋一：是啊。清楚地自报姓名之后再发言是很重

---

① 社交网络服务，包括社会软件和社交网站。

要的。

大田弘子：年青一代必须自己去寻找和建立一个能让自己感到自豪、抱有热情的体制。那不是我们该考虑的事情，而是必须由年轻人建立的体制，我觉得公务员的世界也必须要创造出这样的东西。

御厨贵：一种类似于"新规范"的东西。

第三章 从政治学和地方的视角出发

在"消费税选举"①中拉开帷幕的平成政治

芹川洋一：在这一章，我们请来了现在担任地方自治负责人的熊本县蒲岛知事，和我们一起回顾平成时代这30年的政治。蒲岛知事曾经在东京大学法学部教授政治过程论和日本政治课程，担任过日本选举学会理事长，作为投票行动分析的第一人而广为人知，后来从学界转而进入政界。

蒲岛知事在著作中写道："在第二次世界大战后，自民党的体制使经济增长和政治安定同时得以实现。"换句话说就是，昭和时代以东西冷战格局的存在为基础，取得了经济的不断增长。

但是平成元年（1989）冷战结束，年末日经平均指数创下历史新高，第二年股价急跌，经济泡沫破裂。在政治上，宇野宗佑在任首相时期举行了参议院选举，出现土井女士（社会党委员长）人气急升的现象，自民党大败。1993年，自民党的长期单独执政宣告结束。我们可以理解为，一切都由此开始了。

1993年，非自民党的细川护熙成立联盟政权，之后是村山富市先生的"自社先"联盟执政。后来的首相依次是自民党的桥本龙太郎先生、小渊惠三先生、森喜朗先生和小泉纯一郎先生。然后，由自民党的安倍晋三、福田康夫、麻生太郎分别担任一年首相之后，2009年，民主党获得了政权。

---

① 指在选举时，消费税作为选举的焦点。

看现在的安倍晋三政权，感觉似乎是轮了一圈儿。就这种政治上的趋势，您如何看待日本在第二次世界大战后政治的发展及崩溃的过程呢？

蒲岛郁夫： 从比较的观点来看，如果不先谈论昭和时代，就无法谈论平成时代。如果不谈论自民党政权，就无法谈论第二次世界大战后的昭和时代。

我曾在哈佛大学的塞缪尔·菲利普斯·亨廷顿教授的课堂上学习过，"增长与平等不能兼得。经济急速增长的时期，必然会产生不平等"。但是，依靠自民党的体制，日本经济在高速增长的同时，竟然罕见地实现了社会的平等。

自民党体制实现了平等和增长的并存。在第二次世界大战后稳定的高速经济增长的过程中，对于没能够享受经济增长成果的农民等社会集团，自民党政权进行了收入的再分配。这种平等的政治体制并非来源于自民党自身的政策理念，而是由于自民党在农村地区有广泛的支持基础。从城市到农村这样一个巨大的收入转移，是作为结果实现的。

进入20世纪80年代，这种支持自民党的体制逐渐崩溃。由于出现了从农村向城市的人口净流入，城市居民成为多数派。城市居民对于所得向农村转移怀有强烈的不满，而且对腐败的利权结构感到不公平。

从这个时候开始出现了一类人，我称他们为"牵制性选民"。由于经济的发展和城市化的推进，新的中间层诞生。

这个新中间层，是由于自民党的经济发展政策而获得了利益的集团。出于这个原因，他们希望自民党政权维持下去。但是，他们不希望自民党为了维持体制而浪费大量的金钱，他们厌恶权力滥用和政治腐败。所以，他们成为"牵制性选民"，在保证自民党政权存续的前提下，通过投票来牵制自民党，以此作为合理的行动。由此，自民党开始对国民的意见十分敏感。

还有一点要补充的是，"争论点"也开始对选举产生重大影响。在此之前，日本的政治学者和投票行动研究者认为"争论点"对选举结果不会有影响，不会导致自民党失去过半数议席。因为他们认为，在自民党即将失势的时候，中间层会转而支持自民党。

但是，1989年的"消费税选举"是"争论点"第一次对选举结果产生重大影响的选举，导致自民党失去了过半数议席。在这个意义上，对投票行动研究来讲，这是非常重要的一次选举。这次选举大概是自民党一党独大体制走向终结的第一步。这是一次选民根据"争论点"进行投票而导致自民党大败的选举，平成时代由此正式拉开帷幕。

平成时代由备受利库路特贿赂案等政治与金钱问题困扰的竹下登政权开始，在宇野宗佑政权时期经历了"消费税选举"，此后依次是海部俊树政权和宫泽喜一政权。

自民党单独执政的终结

蒲岛郁夫：这个时期也产生了很多新的政党。细川护熙先生成立日本新党，小泽一郎先生组成新生党，武村正义先生建立先驱新党。

1993年8月，自民党从"1955年体制"形成后第一次失去过半数议席，第一次出现了政权更迭，以细川先生为首的8党联盟政权成立。

但是，这个政权是临时拼凑起来的，虽然以细川先生为首，但实际上是由小泽先生领导的。很多人都认为这个政权不会长久，果然，它在短短8个月后就结束了。

其后的羽田孜政权也是联盟政权，但仅仅维持了64天。终结这个短期政权的方式也是极有自民党特点的：把社民党和先驱新党从小泽、细川政权中拉出来，成立了"自社先"联合政权。

1994年建立的村上政权遭遇了阪神大地震。其后让位于桥本龙太郎政权，桥本在1998年参议院选举中大败后，小渊惠三政权建立。当时野中广务官房长官说："即使跪在小泽先生前面，也一定要在国会审议中请他协助。"由此，1999年"自自"（自民党、自由党）的联合政府开始。

但是，自民党和自由党共同组阁的真正目的是要将公明党拉入政权联盟之中，"自自公"（自民党、自由党、公明党）政权只是"自公"政权的铺垫。因为当初是为了让公明党加入而拉来自由党，同年10月"自自公"政权成立。公明党加入后，自由党就没有用处了。小渊首相在小泽先生的自由党解除联盟的第二天病倒，2000年5月14日离世。

2000年，森先生的"自公保"（自民党、公明党、保守新党）政权建立，由于其"神国发言"的影响很大，森政权的支持率急速跌至 7%。2001 年 4 月 26 日，森内阁集体辞职，此时，以"粉碎自民党"为口号的小泉先生被任命为首相，后来小泉内阁的支持率曾升至历史最高位 83.6%。

小泉政权凭借"党魁评价"赢得选举

蒲岛郁夫：从投票行动研究的观点看，从小泉政权开始，人们对党魁的评价也开始对选举结果产生影响。

小泉政权的第一次国政选举是 2001 年的参议院选举。人们对党魁小泉首相的高度评价为自民党的胜利做出了很大的贡献。在小泉政权建立之前，按照自民党在参议院的实力，其只能获得 45 个席位。但在这次参议院选举中，其获得了 64 个席位。

在此后的选举中，小泉政权势如破竹。在 2003 年 11 月 9 日的众议院选举中，执政党三党联盟取得了绝对多数席位。此后，自民党和保守新党合并，在 2004 年 7 月的参议院选举中，执政党保持了绝对多数席位。2005 年在"邮政选举"①中，取得 296 个席位，大获全胜。小泉先生在这次选举中采取了非常激进的选派"刺客"的选举手法，通过一句金句宣传语，在党魁评价中取得了压倒性的优势。

小泉先生之后的第一届安倍政权、福田政权和麻生政权的执政时间都非常短暂。之后出现了真正的政权更迭，2009 年，民主党取得了政权。但是，在东日本大地震中，民主党的

---

① 指参议院否决了邮政民营化法案之后，时任首相的小泉纯一郎宣布解散众议院的选举。当时舆论一片哗然，后来称这次选举为"邮政选举"。

作为无法回应国民的期待，陷入了亨廷顿的"期待和失望的政治学"。

其后，安倍先生带领自民党在2014年的众议院选举中夺回政权。安倍经济学获得了选民的支持，在2016年7月的参议院选举、2017年10月的众议院选举中均大获全胜。

纵观平成时代的政治，由一开始处于自民党一党执政状态，经历"牵制性选民"时代、新党和非自民党政党的联盟时代、自民党联合政权时代、拥有绝对党魁效应的小泉政权时代等，过渡到真正的民主党政权建立。由于民主党政权不能够满足选民的期望，政权被安倍政权取代。从这个意义上说，就像芹川先生所说的那样，的确是轮了一圈。在这期间，一共有17位首相登场。

无法预测谁会成为首相的时代

芹川洋一：如果我们回顾一下平成时代，就会有这样一种感觉：自民党曾经倒过一次，然后再返回原地，之后再倒一次，再返回原地。

御厨贵：蒲岛先生所讲的1989年参议院选举中自民党落败，是进入平成时代后最重大的事情。虽然拥立了宇野先生，但并没有什么用。此后的20世纪90年代，谁会成为首相就变得无法预测。谁都没有想到在宇野先生之后会是海部先生成为首相。

如果是当选议员次数比海部先生少的人当首相，确实不好，而且有竹下先生做说明的话，大家都能够认同。但现在来看，能让海部先生当首相，还是因为当时是一个无法预测谁能成为首相的时代。

此后，小泽先生脱离自民党，建立了新生党。虽然小泽先生有极大的力量，但分裂出去的时候也只有30—40名众议院议员跟随，人数太少了。

要分裂出去的话，即使不够自民党议员的一半，至少也要四成左右。新生党在1993年的总选举中当选55人，作为一个政党来说，这个数量还是太少。

虽然它和先驱新党等新的保守党结盟，但在最初的非自民党联合政权中，作为一个众议院议员只有55人的政党，而且作为并非由党魁小泽先生领导的政权，运作起来非常勉强，困难重重，结果自然是无法长期维持。

之后的"自社先"政权是由龟井静香先生和现在已经去世的野中广务先生等人建立的，而他们在此前也并非自民党的主流。这些人能够建立政权的原因是，竹下先生自当选自民党总裁以来一直和社会党（左派）村山先生的关系很好。也就是说，有一个"竹下—村山"轴心，所以社会党和自民党能够联手。

竹下先生曾经清楚地说过，国会决策的时候，根本不能依靠社会党这些右派。即使做出约定，他们也一定不会遵守，守约定的是左派。

这种信赖关系使"自社先"政权能够建立起来。在此之前自民党不可能实施的政策，那些只有社会党才能制定的政策，在这个时候才被全盘接受。关于社会保障，此前自民党一定不会制定的政策，野中首相开始谈及并开始着手制定了。在这个时期，自民党的选民支持基础也扩大了。

到了桥本政权，他着手进行省厅改编，但在完成之前，他就在1998年的参议院选举中失去了首相职位。虽然在"自社先"政权和桥本政权的时候，筹划过各种改革方案，但在我的印象里，在此后的小渊政权时又回到了最初的自民党的状况。

之后，作为顾问的竹下先生和小渊先生去世后，经过海市蜃楼①一般不可思议的森政权，小泉先生登场。小泉先生认为竹下派的做法无法使自民党维持下去，所以彻底"粉碎"了竹下派。

小泉政权是长期政权，但因为他是个"坏心眼"的人，（笑）所以故意不培养接班人。当时，说是有"麻垣康三"②四个首相接班人也是言过其实。这四个人并没有那么大的实力，他们只是被临时拼凑起来的。

在小泉之后，都是"自民党三代""民主党三代"出任首相的弱势政权，首相缺乏个人魅力。虽然说到个性，他们都可以说是有个性的首相，但是他们都没能够发挥作为首相真正的领导力。这样的时代一直延续到今天。

舍弃了"民主党"这个名字的民主党的罪过

芹川洋一："自社先"政权是自民党的竹下派和社会党的左派联手结成的联盟。自民党和社会党的携手，造成了一种类

---

① 在日语里，"森喜朗"的读音和"海市蜃楼"的读音相同。
② 麻生太郎、谷垣祯一、福田康夫、安倍晋三。

似于将水和油混在一起的无党派现象。1995 年出现东京都的青岛（幸男）知事、大阪府的横山知事同时任职知事的"青岛、横山现象"。

小泉先生在 2005 年因邮政私有化法案而解散国会众议院，引发热议，他并没有充分考虑其后的事情。也就是说，小泉先生通过在"邮政选举"中获胜而"粉碎"了自民党。

蒲岛郁夫：在小泉先生之前，也就是森政权的时候，选民对自民党的抵触情绪最强烈。如果不能取得无党派选民的支持，就无法在选举中获胜。因此，小泉先生走上了"粉碎"自民党的道路。但是，由于太过成功，无党派阶层大量增加。现在，即使是知事选举，如果没有无党派阶层的支持，也会落选。

我参加知事选举的时候，有人提议说"只要是自民党的公认候选人，就一定能获胜"，所以要获得自民党的公认或者争取被自民党推荐。

如果要自民党公认或者推荐，就会在意识形态领域显得过于保守，无法得到众多无党派阶层的支持。所以，我拒绝了自民党的提案，而是作为无党派（县民党）候选人参加了选举，结果大获全胜。

从这个角度来看，任何选举都必须获得无党派阶层的支持，这样才能获胜。那么，为什么安倍先生的自民党能够在选举中获胜？这是因为在小选区制下，除安倍先生的自民党以外的党派没有获胜的因素。也就是说，选民并没有其他的选择，除了自民党以外，没有其他选项。

如果自民党误以为现在能够在选举中获胜是凭借自身的力

量的话，就又会像当初一样陷入困境。

芹川洋一：没有自民党以外的其他选择，这种情况真让人感到遗憾。这是维持了3年3个月的民主党政权的最大罪过。

蒲岛郁夫：民主党如果把"民主党"这三个字留在名字当中，那就还好。因为这是一个很好的政党名字，而名字非常重要。我在《"新党"全记录》一书中没有把民主党作为研究对象。学生问："为什么不研究民主党？"我的回答是："虽然新生党会消失，但民主党是一个好名字，一定会留下来。"自民党和民主党，作为中间右派和中间左派会一直存在，所以不需要研究。但是，民主党和维新党合并，而且把名字改为民进党之后就立刻……

芹川洋一：走到终点了。

蒲岛郁夫：我当时就觉得，这次完了。

芹川洋一：在2018年6月的日经舆论调查中，国民民主党的支持率是0%，7月才升到1%。立宪民主党虽然得到10%左右的支持率，但还是不足以成为选民的选项。

蒲岛郁夫：在小选区制下，在野党分崩离析，不能形成能够与自民党抗衡的政党。

竹下的参议院派系化目标

芹川洋一：在平成时代，参议院选举的结果会导致党魁的更迭。1989年的宇野先生、1998年的桥本先生、2007年的安倍先生都是如此。非常不可思议，都是参议院选举导致党魁更迭。

蒲岛郁夫：即使自民党一党独大，也要在众议院和参议院都取得多数议席，才能维持政权。如此重要的参议院选举，由于党魁评价不同，会有很大差别。如果说这个人（当首相）会失去参议院，那么大家就不会让他当。

在参议院选举中，"争论点选举"、党魁评价、政绩评价等变得越来越重要。

芹川洋一：1998年的参议院选举结束了桥本政权，这的确是政绩评价的结果。因为在此之前的一年，1997年发生了山一证券和北海道拓殖银行破产事件。2007年安倍先生的参议院选举也是如此。如您所讲，政绩评价和党魁评价在很大程度上会左右选举的结果。

蒲岛郁夫：从总体上来讲，在一定程度上，自民党个人后援会比较强大，能够拉拢相当数量的选票。但是，1989年的参议院选举里，有更大的力量发挥了作用。虽然有被称为麦当娜热潮的"土井多贺子热"，但事实上对这次选举产生影响的是当时对消费税问题的"争论点"。

无论是年轻人还是老年人，无论是自民党还是非自民党，大家都把票投给了在野党。支持基础的流动性从这时开始显现。由于有了"争论点"，无论男女，无论原本支持哪个政党，无论从事什么职业，大家都行动起来了。

御厨贵：竹下先生非常介意自己在1989年的选举中落败，此后一直说"今后参议院的选举将会很危险"。竹下派在参议院加强派系力量，也是在此前后。竹下先生认为也要像众议院一样，建立一个体系来控制参议院。

1992年竹下派分裂的时候，参议院的议员并没有全部跟随小泽先生。据说小泽先生当时目瞪口呆，他并没有考虑到参议院的问题。很多政治家都认为参议院不会被派系化，即使被派系化，也不会有什么力量。

1989年的参议院选举后，我和竹下先生谈话时曾说："下次参议院选举如果获胜，就没有问题了吧。"竹下先生的回答是："不，要等到6年之后。3年以后，自民党或许能够取胜。但是对于6年之后还能否取胜，我没有信心。"

参议院虽然没有解散权，但是一旦议席低于半数，就要经过6年才能挽回局面。这一点一直萦绕在竹下先生的脑海里。此后，他培养了官房长官青木干雄先生等参议院议员，确立了与众议院同样的支配体系。因此，当桥本先生在参议院选举中落败时，竹下先生就立刻想要让他下台。

芹川洋一：的确，1989年是一个很重要的时代转折点。

没有着手解决难题的小泉政权

蒲岛郁夫：在自民党一党独大的体制下，有足够的选票来自农村地区。居住在城市里的居民不太参加选举，因此这是一个自民党强大、不会发生任何改变的时代。政治学者感到很无力，很少评论选民。

芹川洋一：说到"争论点选举"，2005年的"邮政选举"也算是吧。

蒲岛郁夫：也可以这么说。因为国民对于邮政问题没有那么强烈的一致观点，所以我想"邮政选举"可以看作是对小泉先生的党魁评价选举。什么都可以是"争论点"，"粉碎"自民党也可以是一个"争论点"。人们并非都赞同邮政改革。

芹川洋一：人们的确只是被小泉先生个人吸引，觉得他很有趣。

御厨贵：小泉先生说："邮局局长在乡下非常威风，非常跋扈，这样很不好，我们要改变这种现状。"但是，有的邮局局长并不跋扈，而且世代努力工作，小泉先生这种偷换概念的做法非常巧妙，而媒体也被吸引。

芹川洋一：这不是"煽动政治"吗？

御厨贵：算是一种"煽动政治"的行为吧。

芹川洋一：我对小泉先生的评价也不高。"邮政选举"也是如此，"粉碎"了自民党，直接导致了2009年的政权更迭。特别是2005年在众议院取得多数席位之后的一年里，他什么也没有做，完全没有做任何事，却跑去美国模仿猫王唱歌……

御厨贵：本来应该在取得绝大多数席位的绝对优势之后，立即着手社会保障和消费税改革，但是小泉先生都没有做。

芹川洋一：此后从安倍先生开始，每隔一年，首相就会更替一次，这样浪费了六年的时间，我认为小泉先生的责任很大。

民主党政权把巨大的期望变成了巨大的失望

芹川洋一： 那么，对于2009年的政权更迭，您怎么看呢？

蒲岛郁夫： 那个时候，大家在选举前就非常期待政权的更迭了。我去参加民主党的熊本县连①大会，看到大家都热情高涨，在投票之前就有一种夺取政权的气氛。

国民第一次有了自民党以外的选择。与内部一团混乱的自民党相比，人们从心理上更愿意选择简洁有序的民主党。而且，当时的自民党没有明确的业绩和可以向选民宣传的东西。

芹川洋一： 首相依次由安倍、福田、麻生接任，而麻生先生一年不作为的结果是在选举中落败。

蒲岛郁夫： 我想这是因为自民党的精英们辜负了人们的期待，或者说是自民党自身变弱了。

我在2008年当选县知事，这是政权交替的前一年。我没有接受自民党的推荐，也没有成为自民党的公认候选人，所以自民党的议员非常生气，说本来打算在选举中支持我。

芹川洋一： 从那个时候起，人们就对自民党有抵触情绪了。

御厨贵： 到了安倍先生、福田先生，特别是麻生先生，已经与之前不同。麻生先生虽然现在被称为自民党的精英，但是和过去自下向上努力升上来的自民党精英不同，他是自上而

---

① 日本的党派在各县的支部联合会的简称。

下的那一类人，在最初的选举中，他就以一种从上向下俯视的目光来看"下界的苍生"。这一点产生很大影响。推举麻生首相是自民党犯下的最后一个错误。同这样的麻生先生相比，人们觉得被称为外星人的鸠山由纪夫先生似乎更好。但是，等鸠山先生成为首相后，情况变得更糟了。（笑）

芹川洋一：麻生先生非常讲人情和道义，是一个非常好的人。但是，他终究有一种向下俯视的目光，这可能是他继承了吉田茂的基因的表现吧。

御厨贵：吉田首相做了很多事情，被称为"大宰相"，继承这些是好的。

芹川洋一：如果近距离接触，会发现麻生先生是一个非常好的人，和他一起喝酒也非常愉快，但政治是不同的。

现在回头看，我觉得鸠山先生是第二次世界大战后最差的首相。虽然现在这样想，但当时不知为什么，觉得和麻生先生比起来，鸠山先生更好。

御厨贵：本来应该是民主党代表小泽先生成为首相，但由于2009年的西松建设事件①有司法机关介入，小泽先生已经开始成为民主党的包袱。

取代小泽先生的是像外星人一般的鸠山先生。国民认为他不会做小泽先生那样的事情，所以投票给他。但他是一个特别的人，真和外星人一样，民主党政权第一个首相是鸠山先生，

---

① 指西松建设政治献金风波，是对当时日本政局造成重大影响的一大丑闻。2009年3月，小泽一郎接受西松建设公司提供的非法政治资金的问题被曝光，小泽的秘书因涉嫌其中而被捕并遭起诉。此事导致小泽和民主党的支持率下降。

这是一个很大的痛点。如果是野田先生的话，情况应该大有不同。

蒲岛郁夫：如果当初对民主党的期望没有那么大，人们会想"也就这样吧"，但是期望越大，失望就越大。

芹川洋一：小渊先生也是因为当初人们对他的期待很小，所以没有什么问题。安倍先生第一次政权以失败告终，所以人们对其第二次政权没有太大的期待，结果就是觉得"喔，也不错"。

鸠山先生这个人值得分析

御厨贵：不过，我觉得鸠山先生这个人值得分析。为什么一个以夺取政权为目标的政党，会没有看清楚一个人就将他推举成首相？这一点值得深思。

鸠山先生总是说非常动听的话，说什么"今后将会是网络新社会""要建立一个将大家平等相连的政党"等，人们被这些话欺骗了。事实上，大家平等相连的政党是不可能存在的，但鸠山先生这样一说，人们就觉得似乎能够实现。而且，他还推出一个概念叫"新的公共"。如果这是玩具，那这就是最好玩的玩具。

芹川洋一：听说鸠山先生开会的时候，会先听很多人的意见，然后重复最后发言的那个人所说的话。因此，我想鸠山先生的发言可能就是最后那个说话动听的人的意见。

蒲岛郁夫：我也成了政治家，但是做不到的事情我不会说，说出口的话就必须做到，没有这样的信念是不行的。鸠山先生总是根据当时的气氛发言，让人们抱有很大的期待，但他根本做不到，最后交白卷。的确，如果推举的第一个首相不是鸠山先生，民主党政权可能会有所不同。

芹川洋一：以前御厨先生说过，仙谷由人先生（原官房长官）不喜欢野田先生。相对而言，他更喜欢鸠山先生和菅先生。

御厨贵：仙谷先生不喜欢野田先生的保守派特质。也就是说，如果推举了野田先生，民主党就会变得和自民党没有区别。如果是鸠山先生或菅先生的话，虽然最终结果并不好，但是当初仙谷先生相信会带来某种改变。

芹川洋一：仙谷先生从根底上来讲是社会党，而野田先生是保守派。

御厨贵：因此，他和野田先生不和谐。可能从野田先生的角度来看，也无法重用仙谷先生，所以没有把他纳入内阁班子。

安倍政权虽保守却左倾

蒲岛郁夫：我是按照政治学理论从政的，但是我觉得没有学习政治学的政治家太多了。

御厨贵：不会学习的。你学习政治学也能成为知事，但是普通人学了政治学的话会落选。（笑）

芹川洋一：政治学的学问有效果吗？

蒲岛郁夫：比如，我第一次参加选举，是按照美国政治学者安东尼·唐斯的理论采取了中间路线。如果接受自民党的大力支持，一定会当选，但是即使能够当选，也会很勉强。当时有五位候选人，都是保守派，如果我采取中间路线的话，就能够取得比自己更左的革新派的票。所以，我获得了50%的选票，而其他四位候选人刚好平分了余下的50%的选票。这样，我在选举中大获全胜，取得大获全胜的好处是能够保持精神上的自由。

芹川洋一：听您这样说，我想到了安倍首相是达尔文理论的忠实"信徒"。他虽然是保守派，但是通过"日本1亿总活跃计划"①，实施"劳动方式改革"（缩短劳动时间、改变工作方式），推动提高工资，改善劳动待遇。这些都是日本劳动组合总联合会成员的主张，实行的政策在向左倾斜。虽然身处保守派，但是在从政中是中立甚至左倾，并借此取得选票。

蒲岛郁夫：我们的分析论文《安倍晋三研究》正是总结出了这一点。安倍首相由传统的保守派转变成中间派，更接近于小泉先生。

芹川洋一：很多人说，安倍先生不是理想派，也不是一个有信仰的人。他是一个现实主义者，虽然现实主义者这种说法未必完全正确。

就现在的话题，可以说立宪民主党的枝野先生左倾并和共产党携手，绝对不能获得中间派的支持，也就等于不能夺取

---

① 目标是创造让任何人都能在家庭、职场和地区活跃的社会。

政权。

蒲岛郁夫： 就像是从前的社会党。

芹川洋一： 东京都知事小池百合子女士和原民主党党魁前原诚司先生想要采取中间路线却失败了。所以，中间的位置一直是空着的。

蒲岛郁夫： 虽然说国民民主党是中间派，但是它的力量太弱了。

御厨贵： 如果问枝野先生有什么样的政策，他会说等到快要取得政权时再讨论。也就是说，他没有政策论争的打算，这等于完全成了过去的社会党。

对他来说，最重要的事情是守住第一大在野党的地位。虽然第一大在野党被执政党讨厌，但枝野先生作为党魁，这样是最舒服的，所以他希望保持现状，反对和其他分裂出来的党派合并，因为合并后他不能再继续担任党魁。从这个意义上讲，立宪民主党是属于枝野先生、由枝野先生支配、为枝野先生而存在的政党，（笑）完全没有夺取政权的想法。

芹川洋一： 所以，国民还是没有其他选项，真是不幸。

蒲岛郁夫： 没有其他选项，对于国民来讲的确是一件非常不幸的事情。为了摆脱这个现状，应该恢复民主党的党名，再一次集结原有的民主党力量。还要选出能够实现大家愿望的优秀的党魁。从这个意义上讲，小池女士和前原先生在方向上没有错，他们错的是方法。

御厨贵： 虽然国民民主党说自己的政策是能够实现的，但如此接近自民党是不行的，支持率为零说明了这一点。结局会同过去的民社党一样，这是毫无疑问的。防卫路线向右倾，在社会保障等问题上向左倾。我想对玉木（雄一郎）先生说，国民民主党这个名字不好，虽然他本人说迟早会把名字改回民主党，但是这样下去是不会改成民主党的。

芹川洋一：回到我们最初的话题，经过30年，日本又回到了"1955年体制"。

御厨贵：在野党回到了"1955年体制"下的状态。问题是执政党，现在的自民党和过去的自民党完全不同。如果是过去的自民党，会有很多想要取得政权的人才，但现在根本没有，即使是自民党总部，也没有什么人才。

选民根据有限的线索决定投票给哪个候选人

芹川洋一：从昭和时代进入平成时代，社会舆论是怎样形成的呢？我觉得包括媒体所处的环境在内的社会环境，发生了很大的变化。

蒲岛郁夫：在投票行动理论中，我认为最出色的是圣地亚哥加利福尼亚大学的政治学家塞缪尔·波普金的理论。他认为，选民并不是在掌握全部信息的情况下进行投票，而是以一点点有限线索为根据判断候选人后进行投票。

过去有一个大致的划分：农村地区是自民党的选区，城市地区是反对自民党的选区。但是，最近的政党也好，候选人也好，都只会提供有限的线索。选举变成了通过那些有限线索判断候选人是什么样的人的投票方式。

回顾我自己的第一次选举，我觉得熊本县民并不是在掌握全部信息的情况下选择我的。县民们知道，这个候选人年轻的时候非常穷，直至高中为止都还是一个差生，但后来成了东大的教授。他们寄希望于这个人身上会有某种可能性，这种有限线索非常重要。当然，我能够第二次、第三次当选依靠的是政绩评价。

芹川洋一： 因为媒体会传播这些有限线索。

蒲岛郁夫： 媒体的角色很重要，为选民提供有限线索，但现状是这些媒体由于互联网的普及变得非常多元化。过去所有的媒体都有同样的主张，从昭和时代起一直有强有力的媒体存在。但是，由于网络的言论空间出现，媒体的言论变得更加多元、更加尖锐，带有更大的倾向性。

网络的出现使媒体变得多元

芹川洋一： 现在的媒体可以分为四层结构：报纸、杂志（主要是周刊）、电视和网络。各层之间有很大的差别。报纸依照《东京新闻》《朝日新闻》《每日新闻》《日经新闻》《读卖新闻》《产经新闻》的顺序，意见大相径庭。不过，分不清哪个左、哪个右。

虽然杂志里有像《周刊文春》这样有影响力的周刊，但论坛杂志已经没有过去那样大的力量。电视台之间也有差异，朝日电视台和TBS在左，从中间向右依次是日本电视台、富士电视台。这是普遍的看法，并不是我说的哦。（笑）

另外，在网络上的言论空间里，有各种各样的现象存在。

例如，网络右翼势力强大，虚假新闻泛滥，过滤气泡存在，等等。但是，因为有这样四层构造，所以从某种意义上来说，言论确实多元化了。

从对安倍内阁的支持率看，意见也极其分化。所以，的确让人感到舆论的形成方式发生了很大的变化，与20世纪90年代、21世纪头十年都不同。这与现在是网络时代有很大关系。

御厨贵：网络的力量很强大。在脸书（Facebook）和推特（Twitter）的世界里，基本上都是情绪上的议论，不是论理，让人读着读着就会觉得不舒服，这是因为自己被拉进别人的感情世界了。

芹川洋一：那种东西还是不看的好，我也尽量不看。

蒲岛郁夫：网络上的反应非常厉害。熊本地震刚刚发生时，很多人到室外避难，地震还在持续当中，不知道从避难所的棚顶会掉下来什么东西。在人们感到恐怖的时候，大家都自发地到外面避难。但是，政府要求人们赶快回到室内。我因为理解现场的人们的心情，所以提出异议，结果被写进了周刊杂志。于是在网络上，很多人就批评我说"无能的蒲岛"。

最终在形势即将失控的时候，有人发表了一篇文章说"这是不对的，蒲岛知事不是这样的"，才让事情平息下来。

芹川洋一：记得在大众媒体理论里有一个说法是"流言止于智者"，这是相同的道理。

蒲岛郁夫：这也是舆论形成的一种方式。而且，现在也有很多政治家能够迅速对网络做出反应，也有迅速回应网络的政治。如果只读网络上那些赞同自己的意见，就会误以为自己是稳定的。

芹川洋一：但实际上并非如此。

蒲岛郁夫：这是因为没有人愿意读反对意见。

掌握地方政治的四个要点

芹川洋一：接下来我们谈一谈地方政治。我想了解在东京看不到的部分，比如自治区和地方议会，还有地方和国家的关系。

还有，国会议员和地方议员的力量关系似乎发生了变化。在实行中选区制的时候，国会议员和地方议员是在一个系列里的，国会议员的力量比较大。但是，改为小选区制之后，县议员的力量似乎增强了，比如自民党的岐阜县连的代理会长猫田（孝）先生。据说在野田圣子法务大臣当年第一次当选岐阜县议员的时候，猫田先生为她讲过提问的方法。所以，直到现在，他仍然认为自己在地位上很优越。我在观察首相动静的时候，看到过猫田先生和野田女士一起到安倍先生那里去陈情，这让我非常吃惊。

蒲岛郁夫：我觉得如何看待地方政治很重要，专家主要从四个要点来看地方政治。

第一点是，地方政治是介于国家和社会中间的存在。第二点是，地方政治有一个功能是可以了解居民的想法和选民的喜好并把它们转达给国家，也就是中转点的功能。第三点是，与国家政治相比，地方政治在权限和资源上都很有限。第四点是，地方政治在国家和社会中间发挥着媒介的作用，在某种程度上是独立于国家的存在。根据倾向于国家这一边还是偏向于居民这一边，地方政治的独立性会有所不同。

熊本县的议会里是自民党占优势，他们和我们（熊本县执行部门）关系良好，互相尊重，所以能够作为一个熊本组一起行动。所谓的熊本组，是由县里选举出来的国会议员和县议会的议员以及我们执行部门一起组成，是连接国会的中间枢纽，能够一同去请愿，如果发生分裂，就不好了。

芹川洋一：是一起去的意思吗？

蒲岛郁夫：是一起去，这在全国来讲都很少见。在这个意义上，熊本县的地方议会和执行机关之间的这种关系，我想是一个特例，像熊本县这样议会和执行机关关系良好的情况，是很少见的吧。

芹川洋一：那会不会是因为自民党强大？在野党和执政党的力量不分伯仲的话，会不同吧。

蒲岛郁夫：不只是自民党，我和各个党派都保持相同的距离。每一个政党的大会我都会参加，联合大会我也会参加。因为我保持同等距离，所以这十年间没有哪个政党直接对我提过要求。

地方议员拥有超越国会议员的力量

芹川洋一：熊本县是议员权利争夺非常激烈的地方吧。对县议会议员的领导地位，曾经争夺得非常激烈。

蒲岛郁夫：现在已经没有了。我成为知事的时候，县连的会长已经不是国会议员，而是县议会里的长老。在这一点上，刚刚提到的县议会议员力量大过国会议员的问题，也可以展开来谈。在小选区制下，派系的力量薄弱，必须以县连为母体进行有效的选举，因此，县连的力量也相应地变得强大起来。

芹川洋一：据说自民党能够重新执政，也是地方议员强大的缘故。

蒲岛郁夫：自民党失去政权的时候，县连没有出现一丝混乱。在自民党在野时，出席新年会的人和执政党时期几乎没有什么区别。

自民党的大会和民主党的大会，我都会参加。民主党在即将夺取政权之前和在夺取政权后有强大势力的时候，几乎县内所有的地方长官都会去参加会议。那时候，我在致辞时说，虽然来了这么多人，但是民主党县连的各位不要误会，这只是因为大家对民主党政权有很高的期望。如果不做出实际的成绩，这种期望会立刻变成失望。我谈到了塞缪尔·菲利普斯·亨廷顿"期待与失望的政治学"。后来，民主党失去政权之后，我也去参加党大会，那时，出席人数急剧减少，各级政府的首脑出席的只有我一个人。这是自民党和民主党的区别，终究还是自民党的根基更稳固。

御厨贵：县连的会长开始由地方议员担任，这是一个象征性的事情。也就是说，过去有一个上升路径，县议会议员的目标是国会议员，国会议员之后的目标也可能是大臣。现在，这个上升路径已经没有了。

改为小选区制之后，能否当选变得无法预测。大家理所当然地开始怀有一种想法，要想长期立足于当地，根基扎实地从政，还是做地方议员更好。

地方长官也是如此。过去，担任地方长官之后可以成为国会议员。现在，这个上升路径已经没有了。武村正义先生曾任滋贺县知事，后来成为众议院议员，他明确说过，两者比较起来，绝对是县知事更有权力。虽然他后来成为国会议员，还当上了官房长官和大藏大臣，但据他说，他根本没有掌握权力、在行使权力的感觉。

所以，武村先生更愿意谈起担任滋贺县知事时的事情。我们为了编撰《听书：武村正义回顾录》，想请他多谈谈国家大政，不要再说知事时代的事。但是，他却对我们说："不，这是我最重要的时期。"书出版的时候，知事时期的内容被删减了，武村先生看到后说："我那么努力说出来的话，这里面都没有。"（笑）

我非常能够理解武村先生的这种感觉。因为这样，最近有很多人想要做好知事，但没有人想要在当上知事之后成为国会议员。

蒲岛郁夫：估计是做过知事以后，就没有去国会当议员的动机了。

芹川洋一：佐贺县知事中有成为国会议员的。

蒲岛郁夫：如果年纪轻轻就成为县知事，做过三届（12年）之后仍然很年轻，接下来的发展路径就没有了。

芹川洋一：现在是小选区制，能否当选的变数很大。所以，有当选十次经历的地方议员，在从政经验上更有优势。

御厨贵：而且，县议会议员对县内的大小事情都十分了解。

芹川洋一：小选区制下，选举区的范围也变小了。

蒲岛郁夫：观察自民党县连，在举行知事选举和参议院选举的时候，如果必须让某个候选者当选，县议会议员会跨越自身选区的限制，合力进行支援。因为有这种意义上的强大力量，所以国会议员逐渐开始依赖县连。

规避人口减少问题的国政

芹川洋一：接下来，我们谈一谈人口减少的问题吧。对地方上的每个县、每个自治体来说，人口减少都是最头疼的问题。

蒲岛郁夫：人口减少问题是没有特效药的。这里面有两个背景原因：一是老龄化和出生率降低带来的人口自然减少，另一个是东京一极化导致所有人都跑去东京。

一个很大的问题是，地方上出生率高，东京的出生率很低。所以，人们从地方跑去东京之后，全国人口总数自然就会减少，这是一个负螺旋，无法改变。

熊本县为应对人口减少问题，实行了制定奖学金制度等政策，如果在县内就职，则不需要偿还奖学金。但是，这种以县为单位的政策，会造成各个地区间的人才争夺战，从全国范围来看，效果非常有限。

所以，人口减少问题需要从国家层面制定应对政策。自民党政权曾经实施从国家到地方的收入再分配，使经济增长和经济上的平等得以同时实现。人口减少问题的对策，也需要这种程度的国家层级的主导。

御厨贵：小泉先生似乎完全没有要做这件事的意思呢。

蒲岛郁夫：现在在国政中拥有权力的政治家都是城市型的人，即在东京出生，在东京长大，他们意识不到人口减少问题关乎整个国家。但这样会导致地方衰退，最终导致东京衰退。必须早些开始行动，制定对策。作为县知事，我认为这样下去是不行的。

芹川洋一：日本的领导者们，即使是地方上选出的议员，也都不是在地方上长大的。安倍先生也好，岸田先生（文雄原外务大臣）也好，都是如此。虽然也有石破（茂）先生和竹下亘先生等人在地方读完中学，高中才去了东京，但是他们对地方上的了解仅限于皮毛。

蒲岛郁夫：如果国家在整体结构问题上不作为的话，那么最好采用道州制，九州的问题就由九州自己处理。但是，国家逃避这一问题，一讨论到道州制，政府机关就变得非常消极，因为不希望权力被分配到地方。如果不想下放权限给地方的话，在人口减少等重大问题上，国家必须有所作为。

芹川洋一：国会议员也是反对道州制的吧。很少看到有人推进此事。

蒲岛郁夫：虽然曾经有人推进过，但是现在中央已经打退堂鼓了。

御厨贵：和道州制一起消失的是关于迁都的讨论。到20世纪90年代为止，有很多人主张搬迁首都，自治省当时有很多研究会，曾经讨论过关于建立一个60万人口的城市的构想。进入21世纪，这些议论突然就消失了。打消这种念头的应该是小泉纯一郎先生。

芹川洋一：确实曾经有过迁都到那须（栃木县）或者三河（爱知县）、富士山麓之类的议论。

御厨贵：现在全都烟消云散了。

芹川洋一：最初提到这些的应该是金丸先生，这些讨论随着金丸下台一起销声匿迹了。

蒲岛郁夫：但是，在这样一个灾害频发的时代，至少应该考虑一下灾害时期的首都功能转移，人口减少问题也是如此。明明知道这是一定会出现的事态，却什么都不做，这非常有问题。

芹川洋一：结果是，到现在什么也没有做。

御厨贵：就连想要做的意向都没有。

芹川洋一：关于人口减少的问题，最初起源是在平成元年发表了"总和生育率大幅下降到历史最低点的1.57"的公告，被称为"1.57危机"，平成时代就是在这样的背景下拉开帷幕的。也就是说，在这30年间什么都没有做。

蒲岛郁夫：虽然在一定程度上，人口减少的问题曾经让人印象深刻，但是在政府方面现在已经忘记了这回事。

芹川洋一：只有写关于人口减少的书一直在畅销。

御厨贵：因为人们总是在津津乐道哪个地区的人口减少得最快。

复兴旗手——熊本熊

芹川洋一：关于地方创生，您怎么看？

蒲岛郁夫：地方创生是以创建有魅力的地方为大前提。也就是说，要让从地方高中毕业后去了大城市上大学的人，毕业之后仍想要回到家乡。

熊本县希望通过达成地震后的"创造性复兴"，实现有魅力的地方创生。地震之前制定的创生综合战略是熊本县版的城市、人、工作战略。虽然前提已经完全不同，但是以"创造性复兴"为目标和以地方创生为目标之间没有大的差异。

而且，由于地震的发生，熊本熊的存在感更高了。地震之后，熊本熊成为人们的心灵寄托，它作为复兴的旗手，在熊本县内外乃至全世界为熊本县"四处奔走"。事实上，关于熊本熊，最近有三件大事发生。

第一件是熊本熊漫画书的出版。在小学馆出版的学习漫画《伟人传》系列中，熊本熊被选为第61位伟人，与织田信长、丰臣秀吉、德川家康、海伦·凯勒等伟人并列。这一套书是小孩子们最初学习历史时要读的，在社会上有很大的影响力。

第二件是熊本熊邮票的发售。根据2018年9月14日发布的消息，熊本熊邮票已经发行了3000万张。喜欢熊本熊的人不会拿出来使用，而是把这些邮票保存起来，因此也不会增加日本邮政派送信件的工作。

第三件是熊本熊在海外的发展。从2019年开始使用熊本熊品牌在海外开展商务活动的话，将会被收取使用费（版税）。熊本熊在海外发展的可能性非常大，2017年熊本熊的周边产品销售总额约有1400亿日元。我想，将来熊本熊在海外也能够获得同等程度的收入。

芹川洋一：这笔收入归属县里吗？

蒲岛郁夫：首先，这笔收入会用于熊本熊的权益管理以及假货对策方面。有剩余的话，就会归属县里，熊本熊是一个非常孝顺的"孩子"。能够做到这样的事情也算是地方创生的一种形式吧。

熊本熊其实是一个共有的空间。在这个共有的空间里，很多人能够自由参加，得到各自的利益。这种共有空间不局限在国内，已经逐渐在国际上扩展开来。这是以往的地方行政无法想象的事情。

熊本地震后的复兴计划

芹川洋一：最后我想问一问关于熊本地震的事情。御厨先生也成了复兴专家会议的成员。

蒲岛郁夫：我经历了熊本地震，切身感受到的就是"在灾害发生前，应对已经开始了"。这一点真的非常重要。地方行政平时锻炼积累的强大能力，在灾害发生的时候会完全表现出来。

我做了知事之后，首先进行了财政重建。我接手县政的时候，熊本县欠款超过1兆日元，储蓄少到只有56亿日元。在就任一周后的议会上，我把自己的月薪从124万日元减少到100万日元。本来以为可以剩下24万日元，但是因为还要交税，所以实际上只剩下了14万日元。最终包括退休金在内，在第一个四年任期当中，我一共向县财政返还了4000万日元。以这4000万日元为基础，熊本县还上了1500亿日元的欠款，储蓄增加了一倍。由于有了这次财政重建，在震灾来临的时候才能够应对自如。

还有一个就是县厅职员的意识改革。我在就任之后，立即向县厅职员发出指示，要求他们放弃以前的行政工作方式。以前的行政工作的主要目标是指导、规范、管理、持续性、统一性，但是这些并非真正的目标。行政工作的真正目标应该是使县民的幸福指数最大化。为此，必须改变县厅的工作职能。

当时的情况是，无论你问什么，县厅职员一开始一定会说"做不到""这是以前没有做过的""中央也没有这样做"，等等。所以我告诉大家，不要想做不到，而要想怎样能做到。

还有，我常常说："要打破盘子。"也就是说，如果洗很多盘子，是可以打碎几只的。要勇于挑战，不要害怕犯错。政府的文化是害怕打破盘子。我认为，熊本县厅现在是全日本最勇于挑战的集体。由于有挑战的能力，我们在应对灾难的方面也表现出了强大的力量。

2016年4月16日，我第三次担任知事，那天是熊本地震主震发生的日子。熊本地震发生后，我立即向工作人员指明"恢复和重建的三项原则"。一是受害者的痛苦最小化；二是不要仅仅恢复原状，而是要把目标定为创造性复兴；三是把恢复重建与今后熊本的进一步发展联系起来。对职员做出这样的指示非常需要勇气，因为当时还处在抢救人命的阶段。

地震发生后，我立即想到的另一件事是组建一个"专家会议"来筹划熊本的恢复和重建。在主震发生两天后，我打电话给当时的熊本县立大学理事长五百旗头真先生，请他担任熊本县恢复与重建专家会议的座长。对于这件事，职员们表现得很消极，因为他们担心需要分出一些人手去做这个专家会议的相关工作。

在专家会议上，以五百旗头先生为首，集结了御厨贵先生、金本良嗣先生（东京大学名誉教授）、坂东真理子女士（昭和女子大学理事长）、河田惠昭先生（关西大学社会安全研究中心主任）、古城佳子女士（东京大学大学院综合文化研究科教授）和谷口将纪先生（东京大学大学院法学政治学研究科教授）这些杰出的成员。

座长五百旗头先生亲身经历过阪神大地震，并在东日本大地震发生时主持了政府的重建计划会议。当时，他作为熊本县立大学的理事长在熊本已经生活了近六年，非常了解熊本，是一个非常好的人选。

这"七个武士"成员在一个月之后就提出了方案。所以，我在地震发生后仅仅三个半月，就能够迅速制订出恢复和重建计划。这个恢复和重建计划的理念也是"创造性重建"。

呼吁"负担最小化"

芹川洋一：在地震发生两天后，就立刻开始筹划组建专家会议，御厨先生也参与其中，所以能够在仅仅三个半月的时间里就提出计划。我认为这起了非常重要的作用，其中也一定有很多辛苦。

御厨贵：就熊本县而言，首先是整体重建的行动启动得非常早。不是中央政府，而是熊本县早早地成立了有重大象征意义的专家会议，我觉得这很重要。如果是其他县的知事，是不会这样做的。这样做的协同增效作用非常大，向外清晰地传达了重建的强烈意志。

此外，关于恢复和重建计划的内容，五百旗头先生深入其中，从"什么是创造性的重建"开始，与县厅人员一起进行了讨论，所以讨论现场没有出现一丝混乱。在这种紧急情况下，最可怕的是知事乱了阵脚，那样的话，就无法制订出好的计划。关于这一点，我觉得他们行动得非常快。

蒲岛郁夫：我从五百旗头先生那里听说过，在东日本大地震的时候，复兴构想会议开展工作是相当困难的。因此，我觉得能在熊本请到配合默契的七位成员一起工作真是太好了。

御厨贵：东日本大地震的复兴会议有 15 个成员，其中有 13 个在野党人士，工作起来很困难也是可以理解的。所以，熊本县真是做得太好了。

蒲岛郁夫：还有一个是对中央提出的要求。灾害发生的时候，中央的态度非常友善。平时做不到的事情，这时也会善意大发。但是，最初去霞之关请求支持的时候，我觉得他们有点冷淡。

御厨贵：是很冷淡，很辛苦啊。

蒲岛郁夫：毕竟熊本县与东日本大地震的受灾地比起来，离首都更远。当初，专家会议的提议上写的是"和东日本大地震一样，要求（受灾自治体的）零负担"。

但是，"如果追求零负担的话，需要几个月的时间，还必须制定法律，也需要加税"。从最初阶段的政府的反应可以看出，零负担是不可能的。所以，我们按照御厨先生的建议，要求"负担最小化"。到底要最小化到什么程度，就由各省厅裁量，省厅不同，"最小化"的范围也不一样。

例如，瓦砾的处理是由环境省负责。受灾最严重的益城町，负担总额多达180亿日元，但益城町只负担了0.4%，也就是7000万日元左右的费用。

御厨贵：我是通过别人找到麻生先生的。见面后，我拜托了他很多事情，最后他说："那就这么做吧。"当时的官房长官菅义伟先生说熊本县要求得太多，所以很生气。我就只好去麻生先生那里。

芹川洋一：您是事先做好了工作。

御厨贵：这件事，五百旗头先生是最近才知道的，他对我说："听说你又做了一些工作呢。"（笑）

蒲岛郁夫：我也去见了菅先生，要求"负担最小化"。我从小就很穷，觉得在最困难的时候谈钱就更惨了，所以我不想谈钱的事情。我坦率地向官房长官说了这些，并发出请求：希望能够"负担最小化"。

御厨贵： 我想菅先生以为我们会要求"零负担"，所以本来准备拒绝的吧。但我们这样一说，事情很快就谈好了。

蒲岛郁夫： 当时我想的是，在震灾刚刚发生的这种重要时刻，不应该让知事去做这样困难的交涉。所以，在之后向政府提交的建议中，我们也加入了"大规模灾害发生时的财政支援制度的常设化"。我认为应该事先制定相关法律，如果没有财政支援制度，就没有办法果断地应对灾害。

"没有熊本城的恢复，就没有熊本地震后的复兴"

御厨贵： 在熊本县，接连不断发表恢复、复兴计划，各项工作都进展得很快。不早点发表的话，媒体就不会报道。

虽然熊本县和九州等西日本的媒体会报道，但再向东日本传递信息就非常困难。我也去过很多地方谈这件事，但是东部总是说："仙台县很近，但是熊本县很远。"为了能让东部的电视也报道，我做了很多交涉工作，但他们竟然说"换个频道就可以看到这些，所以不用特别报道"，实在是过分得很。

芹川洋一： 报纸也是。福冈县有总社和分社，新闻都在那里被编辑、报道，既不在东京，也不在大阪这样的重要城市。

御厨贵： 所以消息会被埋没。

蒲岛郁夫： 这次地震中，烈度达7级的震动有两次，之后余震持续了4400次以上，260多名县民遇难，近20万户的房屋遭受了巨大损失。另外，熊本城严重破损，通往阿苏的交通要道遭到破坏。我觉得让人们关注熊本地震并进行报道，对于提高日本整体的防灾能力来说是非常重要的。

御厨贵：的确非常重要。为了在修复熊本城的同时向外展示修复过程，对修复熊本城的项目做了各种各样的安排，因为这样做可以得到更多的关注。

蒲岛郁夫：熊本城不是熊本县的管辖范围，而是熊本市的管辖范围。4月23日安倍首相在地震后第一次访问熊本县厅时，我们首先提出"希望政府帮助修复作为熊本县象征的熊本城"的要求。在旁边听到这句话的媒体对此评价很差，说什么在救人阶段还担心管辖外的熊本城是不合时宜的。

但是，安倍首相当场断言"没有熊本城的修复，就没有熊本地震后的复兴"，真是太给力了。之后，文化厅和国交省都认真起来，承诺给予我们大力支援。

应对灾害，一开始的行动最重要。我在地震发生后的26分钟内从家里赶到了熊本县厅的灾害对策本部。并且，地震发生的一个小时后向自卫队和消防队要求抗灾支援。之所以能做到这一点，是因为我平时与自卫队的西部方面总监和第8师团长有交往，建立了关系。然后，自卫队、消防队等救护人员不顾危险，挽救了1700人的生命。从结果来看，我认为抢救生命的起步较早，是他们之后应对震灾时态度决绝的主要原因。

累积了灾后经验的平成时代

芹川洋一：最后想问的是和御厨先生提出的"灾后国家"概念有关的问题。要说平成时代应对灾害的经验，在2018年

7月的西日本暴雨灾害中是否有效地被利用的话，我觉得是没有，在东日本大地震时也是如此。从各种意义上来说，应对灾害方面的国家建设似乎没有进展，关于这一点，您怎么想呢？

御厨贵："灾后"这种事情，如果没有平成时代这30年灾害不断的历史的话，人们是不会考虑的。昭和后期，虽然不能说没有自然灾害和地震，但其并没有成为大的政治课题。

阪神大地震和新潟中越地震，都是在进入平成时代以后发生的。之后是东日本大地震、熊本地震。四次地震间隔的时间越来越短，相继发生，我觉得是相当大的问题。

第二次世界大战后过了几十年，在东日本大地震中，人们经历了自己隔壁的邻居被海啸冲走而亡的事情。就这样，日本进入了自然灾害使国家受到沉重打击的时代。

我是在东日本大地震后提出"灾后时代"这个概念的。但是，熊本地震发生后，再回顾阪神大地震的话，我觉得平成真的是积累了灾后经验的时代。

虽然很难找到一个恰当的说法，但如果就熊本县来讲，自然灾害以一个县为单位发生，便以一个县为单位进行处理的模式，可能会成为今后的参考范本。跨县的灾害则另当别论，如果是以县为单位的话，对灾害的处理就很考验县厅或者知事的领导能力，比如在一开始该如何行动，在各方面采取怎样的措施，包括媒体应对在内，等等。

因此，从"灾后"这个角度来说，熊本县的经验非常宝贵。将这样的经验归档的想法，从东日本大地震开始我就一直有，但是熊本县的经验归档比其他灾害还要快，这非常让人吃惊。

有条不紊地留下公文，而且因为已经将其进行数字化存档，所以一般人也可以看到。这些事情，熊本县只用两年就实现了。因为归档的经验已经从外面引进来了，所以可以做到。

在"灾后时代"必须不断地将这种经验分享出去，我想这种做法有助于应对各种自然灾害，不论是地震，还是暴雨、酷暑，或者其他。

关键词是"创造性复兴"

芹川洋一：东日本大地震后，御厨先生提出了"灾后国家"的概念。我的印象和理解是要创建新日本，我感觉这个词会广泛流传。原来以为这个新日本的建设没有什么进展，但是按刚才的说法，"灾后国家"的建设已经在朝这个方面进行了。

御厨贵：经验已经渐渐积累起来了。熊本县以一个县为单位做到了这些，是一个极其具有象征性的事例。"灾后"的多样性，正在不断地发展。

芹川洋一：也就是说，虽然国家层面的"强大的灾后国家"很难达成，但在局部已经有所发展。

御厨贵：是的，还请多多宣传。

蒲岛郁夫：我认为如何协调地方创生和震灾应对很重要，关键词就是"创造性复兴"。

从"创造性"的意义上来说，通过（把公共设施等运营权）委托给民间的方式，统一规划重建国内线、国际线航站楼，可以应对将会增加的入境需求。同时，把原来的工业港八代港作为世界级的邮轮基地进行修建，正是因为它已经被破坏了，要以更好的形式复兴。

中央政府之所以认可"创造性复兴"，可能就是因为即使灾害多发，它也能够描绘出比过去更好的前景。因为我在地震后的第三天就提出了"创造性复兴"，熊本经济同友会的代表干事、肥后银行的甲斐隆博行长当时对我说："经济界因此看到了光明的前景。"因为知事有积极的展望，县民们也会变得很积极，而且专家会议也能够聚集七位出色的人物出谋划策。

芹川洋一：这都是蒲岛知事的人脉吧。

蒲岛郁夫：否则，一两天是不可能聚集到的。今后的灾害应对也是如此，需要向县民或国民发出积极的信息，我想能发出这种信息的应该是首长或者专家会议。

能够"转祸为福"的领导力

蒲岛郁夫：在灾害发生的时候，从亨廷顿的期待和失望的反差假说来考虑，满足人们的期待这一点很重要，这样，人的期望会不断膨胀。一开始是能得救就好，接下来是需要水和食物，再接下来是需要避难所，然后是需要更好的避难所，还有临时住宅……

期待会随着人的心情的变化而不断膨胀。领导者的作用是，按照期待提供实际对策，或者进行宣传，一一给出对策，然后让人们萌生出"我要努力"的想法。这是灾后领导力的表现方式之一吧。

芹川洋一：有句话叫"转祸为福"。但是，如何发挥领导力，才能"转祸为福"？描绘出一条道路的前景是很重要的。

蒲岛郁夫：最重要的是，能否让人们相信"转祸为福"的展望？如果灾害发生前的政治运营得不好的话，是不会得到人们的信任的。

熊本县的职员们很有挑战精神。例如，2012年阿苏大水灾时，修建的木制临时住宅大受欢迎。如果是木制的话，将来可以当作灾害公营住宅使用。如果转让给受灾者的话，还可以成为永久性的住宅。从长远眼光来看，木制的成本更便宜，拆除时不需要什么费用，也不会产生工业废弃物。县厅的职员本着"负担最小化"的原则，通过与内阁府进行艰难的交涉，一步步将这一想法付诸实践。中央本来说的是"想要快建多建，简易工业化住宅就可以"。

御厨贵：从中央的角度看，他们更想宣传修建的时间吧。

蒲岛郁夫：从长远的角度看，建造木制的临时住宅之后，有什么效果？震灾发生后不久，工程事务店就开始陆续接到订单，因为使用县内生产的木材，县内的经济开始顺畅地运转起来。县厅土木部的职员们积累了这样的经验，前往支援西日本的暴雨灾害时，传达了木制临时住宅的效用。在这里，他们用自己的语言对亨廷顿差距假说进行了讲解。

关于"创造性复兴"这个词的意义和日常应对震灾的过程中亨廷顿差距假说的运用，受灾地的工作人员知道其是否会对工作有很大的影响。

御厨贵：当然。

在政府机关，"心"比组织更重要

蒲岛郁夫：国家在临时住宅的建设方面会给予支援，但是对于各家各户的住宅重建却不积极。因为住宅是个人财产，国家认为应该各自负责重建。

芹川洋一：在阪神大地震之后，国家改变了这个规定，在东日本大地震中不是已经稍微改善了吗？

蒲岛郁夫：基本的处世哲学还是没变啊。真正的"人心的复兴"只有在拥有自己的家的基础上才能实现。在我们提交给中央的关于灾害的建议中，第一个建议是刚才提到的财政支援制度的常设化，第二个建议就是完善制度以支援住宅的重建，我觉得这很重要。

芹川洋一：从相反的角度看，因为个人住宅是私有财产，所以很难出手支援重建吧。

蒲岛郁夫：我们的第三个建议是职员派遣的制度化。在人员支援方面，不要区分是国家公务员、县厅职员，还是地方公务员，必须召集有一定水平的人员，这样才能应对灾害。

关于这一点，在西日本的暴雨灾害中，总务省采取配对方式，调整了全国的派遣工作。只有中央才能实行这种全国性的公务员调动的制度化。这也是很重要的。

御厨贵：知事刚才说的部分非常重要。从"灾后"这一视点看，经历过阪神大地震的县市职员，在东日本大地震时，立刻到当地进行支援，其中也包括志愿者性质的工作。还有在熊本地震的时候，经历过东日本大地震的人们也来帮忙了。

从这一点看，职员参与了不同层次的活动，所以能够分享应对灾害的经验，这很重要。

虽然国家不怎么会向外派人，但如果有跨地域的支援体制的话，公务员就能看到与自己所处环境的不同之处。中央的官员在东日本大地震的时候也多次在地方出现，他们都是主动举手出来的。有了这样的经验，之前不行动的官僚们也会行动起来。而且，这样开始运转起来的话，地方创生也会跟着启动。

蒲岛郁夫：这次熊本地震中政府做得非常好的一点是，政府成立当地对策本部，中央官员常驻熊本县。

政府派遣与熊本县有关的官员，比如曾在县里担任副知事或者部长，或出生于熊本县，现在任局长和官房长级别的人。这个级别的人可以在熊本县即时做出决策。也就是说，把政府搬到了熊本县。

芹川洋一：在某种意义上，这等于是在熊本县成立了"复兴厅"。

蒲岛郁夫：可以实时了解现场的信息。从这个意义上来说，一个小型的政府已经转移过来了。而且，全国"善心大爆发"，如果在现场提出要求，中央本部也会听取这些意见。这一点非常好。

御厨贵：东日本大地震时设立了复兴厅，这样做是否妥当也逐渐成为人们的疑问。现在已经进入震灾后第七年，在当地会听到大家都说"和复兴厅在各县的办公室的关系很难处理"。

也就是说，在制定新的对策时，必须要去国土交通省讲述，同时也要去复兴厅的办公室讲述。

所以，人人都说，如果有一个体制能让复兴厅的办公室和当地的沟通更顺畅就好了。在熊本县就没有这样的情况，因为一切都由当地处理。

蒲岛郁夫：复兴厅的力量越大越好。但是，大概还是国土交通省更强吧。

御厨贵：完全正确。

蒲岛郁夫：日本的政府机关并不是因为有了组织才行动，组织的"心"才是最重要的。

在熊本县建造木制临时住宅的土木部的职员，现在去爱媛县帮忙建造木制临时住宅。2017年，福冈县朝仓在九州北部暴雨中受灾，他们也曾去帮助建设临时住宅。现在，整个九州岛都在联手建造木制临时住宅。

御厨贵：我去过几次临时住宅，虽然住宅很小，但木制的房子给人一种想要住下去的感觉。

蒲岛郁夫：因为简易工业化住宅给人一种快点搬出去的感觉。我想，今后熊本县也会进入"灾后时代"，如果在熊本县再次发生灾害的话，我们就在受灾的个人住址上建造木制的临时住宅。这样的话，不需要土地费，而且本来也已有自来水、排水的设施。人们一边住在那里，一边慢慢地思考下一个住宅该怎么办。

御厨贵：还有，引进拖车房的决断也做得非常快。不断引入拖车房作为临时住宅是非常了不起的决定。

蒲岛郁夫：我在拖车房非常普及的美国生活过，所以深信拖车房的巨大可能性，它的内部装修很豪华呢。

我觉得从学界转做知事这件事很好，不会被行政常规束缚，特别是在紧急时刻应对灾害，有时必须脱离行政常规。另外，熊本熊也好，川边川水坝计划的彻底取消也好，月薪削减到100万日元的决定也好，都是必须脱离常规才能做到的事情。

自然灾害频发的国家应有的姿态

芹川洋一：最后，对于日本的政治整体，从您现在在地方上这一角度，您有什么建议吗？

蒲岛郁夫：正如我已经说的，平成时代从阪神大地震开始，之后又遭遇了东日本大地震和熊本地震，在这期间和之后也遭遇了各种各样的灾害。就大地震来讲，阪神大地震是由村山政权应对的，东日本大地震是由菅政权应对的，熊本地震则是由安倍政权应对的。

关于各政权的地震应对措施，首先从"政治和官僚的关系"角度做比较，因为村山政权是"自社先"联合政权，所以不能说政治和官僚是一体的。但村山先生认识到自己不是专家，所以可以全权委托给别人，其结果是，可以实施很接近国民期望值的对策。

虽然民主党政权的菅先生和官僚也不是一体的，但是对于不断发生的问题，他都想要自己应对。可能他觉得那才是有领导力的体现。但结果众所周知，这种做法无法回应国民的期待。

但是，安倍政权有很大的不同。由于它是自民党和公明党的联合政权，政治和官僚组成了强有力的搭档来应对震灾。结果就是，迅速认定这次震灾为严重灾害，并准备了7000亿日元预备费，各省厅以最大的力量、最快的速度尽心尽力地复兴。特别是国土交通省给予熊本县国民很大的希望。虽然阿苏方面的交通被切断了，但是他们以超出县民预想的速度，完成了表山路线和长阳大桥的修复。另外，机场、港口、熊本城等也在全力地进行"创造性复兴"。

另外，灾后的领导需要展示出"复兴的哲学"。村山政权时期，神户市向中央政府提出神户港的"创造性复兴"的申请，但后藤田正晴副首相以"不允许烧后肥"为由拒绝了，不认可超出原状的复兴。本来，村山政权是把应对震灾的工作委托给了他人，基本达到国民期望值，但没能够展示出"复兴的哲学"。当时的官僚不可能有"创造性复兴的哲学"。所以，如果没有高层做出指示的话，就不能和受灾地区的领导共同分享这种哲学。也就是说，当时的政府没有"创造性复兴的哲学"。

菅政权采取了社民主义的对策，那就是灾区的零负担和增税的决断以及复兴厅的设立。但是，虽然以五百旗头座长为首的复兴会议提出了"创造性复兴的哲学"，但并没有形成能具体实行的体制。结果，无论哪一种情况都没能将"创造性复兴"作为基础。从这件事可以看出，领导所表现出的哲学、政治和行政（官僚）的关系，对受灾地的复兴有很大的影响。

另一方面，熊本地震接受了"创造性复兴的哲学"。

虽然不是零负担，但是按照"负担最小化"的哲学，菅政权毫不迟疑地进行了应对。今后，在像御厨先生所说的"战后时代"结束、"灾后时代"开始的时候，我们必须关心国家如何应对受灾地区的问题。

据御厨先生说，第二次世界大战后的复兴从长达15年的战争中解放出来，与对将来的期待密切相关。但是，东日本大地震的时候，人们却看不到将来的希望。

在熊本地震的应对上，提出了让受灾者的痛苦最小化、"创造性复兴"以及让复兴促进更大发展的三项原则。这使人们在灾后也有了希望和目标。国家政治应有的状态是要让受灾地能够拥有梦想和希望，而关键词正是"创造性复兴"。

地方报纸《熊本日日新闻》在2016年夏天的参议院选举前，就熊本地震后国家的应对进行了调查。结果表明，"给予高度肯定"和"在一定程度上肯定"合计占78.2%，大大超过了"不太肯定"和"完全否定"的占比18.9%，在地震后还不到三个月的时候，这个评价是非常高的。我想，这个评价对参议院选举在整体上也产生了影响。

在自然灾害频发的这个国家，到了认真考虑"灾后国家"应有姿态的时候。无论发生什么灾害，以天皇和皇后两位陛下为首的现在的皇室，都会身先士卒，面对面鼓励每一位受灾者。我想，平成时代皇室的新态度在这里表现得很清晰。那么，受灾地怎么样？正如刚才所说，"创造性复兴"是最适合受灾地的解决方案，这是在历史和牺牲的经验积累中得出的答案。那么，"灾后国家"该怎么办呢？我想这需要现在的政权给出答案。

我认为，在受灾地提出积极的未来展望的时候，国家应该更贴近受灾地，给予支援，让人们毫不犹豫地朝着这个方向发展，这很重要。

熊本县发生地震的时候，县厅用"创造性复兴"这个词照亮了受灾地。与之呼应，中央政府表示"不会带来财政上的损失。希望大家能毫不犹豫地去做"，照亮了我们脚下的路。所以，县民和县内企业都怀着极大的希望，朝着"创造性复兴"的方向迈进。

更进一步说，对于实行我提出的三项原则，熊本县的组织的存在也很重要。因为看到了财政重建和川边川水坝问题的彻底解决，县厅的职员也开始觉得"只要去做，就能做到"。用刚才的表达方式来说，建立了这样能够做事的"心"而不是组织。县厅的组织没有变，人也没有变。只是，大家的"心"都改变了，想要打破"盘子"。我觉得这样的组织能够很好地应对"灾后时代"。

御厨贵："灾后时代"要打破"盘子"。

蒲岛郁夫：跳出行政常规的"创造性复兴"很重要。

终　章　从平成时代思考今后的日本

从"培养政治家"的角度思考选举制度

芹川洋一：作为这本书的总结，我们来探讨一下参加访谈的各位的建议。杰拉尔德·柯蒂斯先生谈到了修改小选区制的问题。

回想当初，1994 年达成的政治协议改革引入了小选区和比例代表并存的议会制（众议院），小选区有 300 个议席，比例代表有 200 个议席，总共 500 个议席。现在，小选区有 289 个议席，比例代表有 176 个议席，总共 465 个议席。这是第二次世界大战后最少的议席数设定。

柯蒂斯先生认为，候选人即使在一个选区失败，也可以通过重复参选以比例代表复活，这很奇怪。而且，小选区制不适用于日本，建议增加比例代表部分。

御厨贵：正如您提到的那样，现在的小选区制存在各种问题，并且从长远来看没有"培养政治家"的意识。现在的制度就像赌博，要么在小选区中获胜，要么（落选之后）以比例代表当选。这种选举制度不能让候选人产生"我要为这个选区尽力"的意识，所以必须改变这一点。

但是，政治家都是那些由这一制度选出来的人，如果依靠他们，就不会有改变。所以我认为，要像佐佐木毅先生担任代表的民间政治临调一样，举行由各方人士组成的选举临调来进行这种讨论。

总而言之，议员们都习惯于当下的体制，不想改变它。

芹川洋一：这一制度下的选举已经进行了八次。

御厨贵：首先，我们需要从"应该培养什么样的政治家"的角度来考虑选举制度。过去有各种各样的政治家，有些人经过学习变得非常出色。但是，现在让我说出一位最出色的政治家就很困难。

那么问题就是，我们到底想要什么样的政治家？现在价值观越来越多样化，人口老龄化正在加剧，投票权年龄限制降低到18岁，政治没能够恰当地厘清每一代人的需求。这也是年轻人对政治不抱期望的原因。

安倍政权之所以持续很长时间，是因为人们对政治没有期望。如果真的对政治有所期望的话，那么人们会觉得自民党这样不行，安倍政权这样下去也不行。但是，正值盛年的人们觉得，即使政治上有些毛病，如果他们能够以现在的方式做下去，也不是不可以。所以，即使安倍内阁的支持率下降，也还能再恢复。在这一点上，我们需要弄清楚什么是有魅力的政治家以及什么是有魅力的政治，并认真考虑培养政治家的问题。

难以批评下属的社会弊病

御厨贵：培养政治家的问题和派系论有关系，过去有各种各样的派系，这些派系起到了培养人的作用。如今，即使成为国会议员，也是完全放任的状态，所以会出现种种奇怪的发言。而且，由于前辈议员们姑息迁就的态度，年轻的议员即使引发问题，也不会真正认识到自己不对。

如果一位经验丰富的政治家不能够恰当地责骂年轻的议员，人才就无法培养出来。但是，现在的政治无法反映政治家的年资和经验，即使前辈说了些什么，也只是被当作"老人家又在说笑"。不仅是在政治领域，整个社会都已经变成上级很难责骂下属。

芹川洋一：之前提到的选举临调①，是第八届选举制度审议会（始于1989年）。这是政府组织的，但如果政府或国会没有打算要做，就必须依靠民间做出行动。

御厨贵：让社会贤能人士加入，如果媒体进行广泛报道，加上舆论很强大的话，政府就不能放任不理，政治家也会脚下不稳，开始意识到必须改变。

芹川洋一：民间政治临调正是这样的情形。当时有利库路特贿赂案和佐川急便的丑闻。您觉得，是否一定要有丑闻、危机意识之类的东西？

御厨贵：如果有危机感，那么民间临调方式就会启动，我认为选举制度的改变也必须从这里开始。

芹川洋一：政治家们自己不会试图做出改变的。

御厨贵：绝对不会。他们不想建立一个让自己落选的制度。

芹川洋一：经验丰富的政治家必须适当地责骂后辈，我认为，这个问题与派系不再起作用是相同背景的产物。要说能

---

① 民间选举临时行政调查会，即政治改革推进协议会。以推进政治改革为目的，由经济、劳动、舆论各界的专家和不同党派议员组成的协议会。

够责骂后辈的人，在自民党中只有一位，就是被称为"伊吹王"的伊吹文明先生。

御厨贵：不过，这样的人会被人厌恶的。

芹川洋一：这样考虑的话，的确没有能够责骂年轻议员的政治家。

将有才干的人吸引到政界

芹川洋一：培养政治家的话题让我想到了民主党失败的一个原因就在于许多人是"松下政经塾"出身。他们很聪明，懂政治学，或者说懂得政治的治理结构和机制，但是不了解什么是组织。

御厨贵：一个熟悉政治科学和理论的人可以成为政治家。但是，在懂得理论的同时，如果不能依靠某种政治直觉做出行动的话，就不会成为伟大的政治家。另一个问题是，民主党政权无法决定任何事情。

芹川洋一：这是另外一种组织理论。从这个意义上讲，自民党的二阶秘书长很有天赋。

御厨贵：二阶先生不是一个理论派，但不知道为什么，事情到了他那里就都能决定下来。可惜，二阶先生这样的人只有他自己一个，这是一个问题。当这样长老级的人随心所欲地讲话时，我们可以从多个方面判断事态，可惜现在只有他一个人。

芹川洋一：濒临灭绝了。（笑）还有一个问题是，有一些人是从地方议会进入中央政界的，从某种意义上说，他们作为专业的政治从业人员曾经非常活跃，但是现在几乎没有这样的人了。

御厨贵：当前的情况是，地方议员就止步于地方，突然冒出来的国会议员被地方议员看不起。没有从地方向上发展的路径，国会议员全都是原国会议员的第二代和第三代，这就是为什么他们没有能力挑起政治重任。

芹川洋一：必须考虑如何吸引人才和让政治人物发挥作用。例如，有一个通常被称为"旋转门"的方式，像法国和德国那样，有一个可以从私企进入政界后再回到私企，或从官僚进入政界后再做回官僚的制度。

御厨贵：有时会讨论到的一个问题就是，参加选举当政治家的要求太严格了，必须辞掉所有工作。因为赢得选举后必须辞去现在的职务，所以要参加选举的话，必须断绝所有退路并做好心理准备。

芹川洋一：如果参加选举后落选，可能会流浪街头，直接就破产吧？政治家已成为"不能向儿童推荐的职业"。

御厨贵：没有父母会对孩子说，你可以试着当一名政治家。

芹川洋一：但其实，政治家必须成为可以向儿童推荐的职业才可以。

御厨贵：我们需要一种理想的环境。在这种环境中，我们可以跟孩子们谈论梦想，孩子们也可以谈论自己的梦想。只有形成一种能够对理想的政治进行讨论的环境，才能产生优秀的政治家。

芹川洋一：随着人口老龄化，将上班族退休后的"第二人生"定为地方议会议员，如何？

御厨贵：我认为这是一件好事，利用之前作为上班族的经验为自己居住的地区做贡献，问题是能否做到。当前工薪族的最大问题是，没能为自己居住的地区做贡献。公司也应该鼓励人们转行从政，公司不会永远雇用一个职员。因此，在某个时刻，如大约到50岁时，一个人必须重新考虑自己所居住的地区的事情。

芹川洋一：到社区公园里做"处女秀"。（笑）

御厨贵：是的，在所居住的地区亮相是很有必要的。

芹川洋一：这可以成为一个人生活的意义，人也会因此变得充满干劲。这样的人不会做任何坏事。

御厨贵：不会做坏事。所以，芹川先生下决心参加选举吧。（笑）

芹川洋一：您还是放过我吧。

政治谱系已经消失

芹川洋一：如果把话题扩展到领导论，我们会发现，安倍先生担任首相的时间跨度是在2019年2月超过吉田茂的任期的，在6月超过伊藤博文，在8月超过佐藤荣作，在11月超过桂太郎，他成为宪政史上任期最长的一位首相。

御厨贵：这很让人惊讶。在 21 世纪头十年，外国的总理和总统经常更换，政治形势和外交形势发生了很大的变化。那么，安倍政权还在持续的原因是什么呢？

我们看安倍先生，他对任何事情都很少做出承诺，这一点很高明。在做事的过程中找出哪里有问题，然后开始进行各种尝试。虽然最终做成的只有三件事，但是人们觉得他在做很多事情。

有人说他致力于修改宪法，但安倍先生在宪法修正上的动摇之心是最大的，他一开始就没有说清楚是否要做。接下来，尝试更改宪法修正案，现在执着于在第九条加入第三款①。特别是他现在正在说的，也与自民党的宪法修正案有所不同。搞不清楚他是怎么回事。

以前，如果首相所说的话改来改去，会做不下去的，但是现在，没有人觉得这有问题。虽然有人会说"安倍先生是可以灵活多变的"，但是如果宪法不断改来改去，也是一个很大的问题。

芹川洋一：谈起首相的谱系，第一代是伊藤博文，从伊藤到西园寺，再到原敬。这是政友会的第一代、第二代和第三代。

另一方面，在大久保利通这一脉，有牧野伸显（大久保利通的儿子）曾担任外相兼内大臣，他的女婿是吉田茂。

作为与英美协调一致的自由主义的谱系，有伊藤、西

---

① 把自卫队明确写进宪法。

园寺和原敬。但高桥所属谱系并不确定，接下来就是从吉田茂到池田，再延续到佐藤。

自佐藤之后分为两支，其中一个是大平和宫泽谱系，分别连到加藤和谷垣。另一个是田中的谱系，从竹下连到桥本和小渊。我觉得这种谱系现在似乎已经不存在了。

御厨贵：的确已经近乎消失。就连最善于培养人才的竹下先生都说："我只能看到小渊这里。"换句话说，从20世纪90年代、21世纪头十年起，已经不能通过培养来提高有一定水平的人了。可以培养提高的人才已经不存在了。

另一个相反的说法是，竹下先生欣赏小渊先生，但因为他只欣赏小渊先生一人，所以在那之后的人才就被忽视了。

芹川洋一：就谱系而言，大平的谱系连到岸田文雄先生，而田中的谱系是延续到了石场先生吧。感觉谱系仍然残留，但是要说是不是正宗的话……

御厨贵：其实已经偏离很多了。

芹川洋一：另一方面，岸信介的谱系由安倍先生延续，这个脉络清晰可见。

御厨贵：这是一脉传下来的，没有改变。

如何向国民阐述"痛苦"

芹川洋一：大平先生和竹下先生提到过加税。从现在来看的话，大平和竹下能够向国民阐述痛苦和负担这一点值得评价。

御厨贵：那时，仍然有经济高速增长的"余香"。在那个时代，大平先生和竹下先生认为，如果情况继续下去的话，国家的财政真的会崩溃。他们尝试要做的事情值得称赞，但后来的政治家们甚至连尝试都不想了。

芹川洋一：所以您想称赞大平和竹下两位首相。

御厨贵：他们两位都只做了短暂时间的首相，所以没有什么政绩可能是个问题，但是从为这个国家做长远打算的角度来看，大平和竹下可能排名在最前面。

芹川洋一：第二次世界大战前值得赞誉的政治家，会是原敬吗？

御厨贵：我认为一定是原敬。在大平先生和竹下先生的时代，政治结构本身已经成形，因此没有什么需要修改。但是，就原敬的时代而言，必须要让元老们接受政党这种东西，需要建立一个政党内阁。原敬是在政友会1900年成立时加入的，他于1918年上台执政。换句话说，他用了将近20年的时间。

芹川洋一：他起初是干事长。

御厨贵：在20年中，他逐渐让各种组织适应政党的存在。原敬充分考虑了各种各样的事情，没有人能用这么长的时间来思考这些。在这一点上，原敬作为一名政党政治家表现得很出色，他的伟大之处还在于让这个国家的各种组织承认并接纳了政党。

芹川洋一：大平、竹下和野田虽然在政治策略和技巧方面非常不成熟，但也进行了挑战。

御厨贵：野田首相关于税收和社会保障综合改革的三方协议做得非常出色。当然也有自民党总裁谷垣先生的缘故，但野田的确做得很好。

芹川洋一：而且公明党的代表是山口先生。

御厨贵：虽然现在被说成好像不曾有过三方协议，但这件事他做得很出色。我认为，如果野田先生是在有了更多经历后再担任首相，是可以成为一位名留青史的首相的，但可惜的是在那个时候。我认为，他可以再当一次首相。

野田先生失败过一次，与安倍先生一样。虽然有人说民主党政权能力不行，但如果我们只单独拎出野田内阁进行评价的话，许多官僚都认为："这位首相是称职的。"

之后，野田先生真的从政坛消失了，这真令人遗憾，应该好好验证一下野田内阁是一个什么样的政权。它接续了后来的保守政权，野田先生的内阁基本上是亲自民党或者说保守派。

官邸工作人员任期过长

芹川洋一：我们和柯蒂斯先生还谈论了官邸过于强大的问题。参议院太强大曾经是一个问题，而现在的问题是首相官邸过于强大，以及应该如何建立监督机制。柯蒂斯先生说，需要恢复自民党的权力。他还指出，另一个问题是内阁人事部或者说人员筛选的问题。

综合这些，其实就是新制度有一个"如何运作"的问题。

我认为运作的人最重要，他需要在制度、运作和人这三个方面进行思考。如今，被说成太过强大的内阁官邸可以视为人的问题。安倍首相、菅内阁官房长官和杉田内阁官房副长官在一条线上，形成了一个长期政权。周围的人变化不大，因此一切都是取决于个人，我认为官邸主导没有错。

御厨贵：可能他们自己也没有想到这个政权会持续这么长时间吧。六年来，首相、内阁官房长官和内阁官副房长官几乎没有变化，副首相也没有变，所以什么都没有改变。

然后，杉田先生坐镇深不可测的内阁人事局，担任局长，事情变得令人恐惧。追根究底，这是人的问题，不是权限的问题。也就是说，杉田先生的看法决定一切，而杉田先生可能会忖度内阁官房长官的心意。

有很多时候，我也觉得这种忖度太厉害了。因为知道上面在想什么，所以要考虑在不碰它的情况下，去想该怎么做。于是，在人力资源方面也不看最重要的"人"了。

掌握人事权的人，特别是内阁人事局局长等职位，应该规定任期为两年，以免权力太大。否则，个人的影响力将变得过大，就会出现整天只考虑如何讨得现任人事局局长欢心的情况。这绝对不是好事。

要让官僚发挥出真正的实力，关键是如何将他们各自拥有的不同能力发挥出来，但现在不是这样。现在的关键在于能否让人事局局长喜欢自己。如果能讨得人事局局长喜欢，就能成为内阁官僚；如果不被喜欢，就会被退回原属省厅。

芹川洋一：内阁人事局局长由政务副长官担任了两届，

现在由行政副长官担任。局长必须是由副长官级的人物担任，否则就会有问题。其他人担任的话，只能是副长官辅佐的级别。

御厨贵：再进一步讨论的话，内阁官房长官和副内阁官房长官的任期都太长了。因此，能看到的东西越来越清楚，而看不见的东西也就更加看不到。我在报纸上看到一个特别报道，说是菅先生超过了后藤田先生，但我认为没有，因为菅先生是一个与首相一直保持协调一致的人。中曾根先生和后藤田先生之间存在一种紧张关系，而这种关系很重要。野中先生和小渊先生之间也存在紧张关系。

芹川洋一：桥本龙太郎和梶山静六、小泉纯一郎和福田康夫、菅直人和仙石由人之间也存在紧张关系。

御厨贵：因为存在某种紧张关系，所以会产生各种活力。在小泉内阁时期，福田先生经常生气。

芹川洋一：的确如您所说。鸠山由纪夫和平野博文、野田佳彦和藤村修之间没有紧张关系。

御厨贵：看藤村先生的内阁官房长官日记，就会发现这个人能力不行。总而言之，在加强官邸时，首相和内阁官房长官之间的关系很重要。

"为了首相"——危险的旗号

芹川洋一：在加强官邸权力方面，前面提到的被称为"政府官僚"和"内阁官僚"的人开始拥有很大的权力。

看着他们，我想起了以前的革新官僚。当时，有一些人被称为革新官僚，他们领导了全国总动员①，奥村喜和男、美浓部洋次和岸介信等人都是这样的人。现在的官僚，今井尚哉先生和北村滋先生等人似乎在为"安倍总动员"工作。革新官僚和当前的官邸官僚很相似。

御厨贵： 确实有重叠之处。他们的特征是充分利用自己的职权，甚至超出自己的管辖范围进行各种谋划，以实现他们想做的事。一般的官僚不会这样做。

芹川洋一： 关于革新官僚和官邸官僚的事情，请您一定要写本书，以我的立场，我很难写……

御厨贵： 要我写是吗？写"某某报的评论委员这样说"。（笑）

革新官僚之所以出名，是因为他们超出了自己的权益，去夺取别人的权益。

芹川洋一： 的确是超出了权限。虽然过去也曾有过田中均先生与某些国家接触的情况。

御厨贵： 不过，田中均先生属于外务省，还情有可原。听说现在的官僚中有人与某些国家有接触，完全外行的人跑出去做这些是很危险的。但是，他们认为自己可以做得到任何事情。

芹川洋一： 而且说这是"为了首相"而做的。

御厨贵： 打着这个旗号很危险。

---

① 在国家面临战争等危机的时候，为达成国防之目的，全面运用人力和物力资源，最有效发挥国家全部力量并进行动员。

平成的政治中参议院发挥了妙用

芹川洋一：接下来，谈谈在野党怎么样？

御厨贵：这是一个很难讲的话题。但有趣的是，在野党是如此软弱，弱到人们不知道是否有在野党存在时，人们会想到"参议院可以成为在野党"。这次（2018年9月18日自民党总裁选举），竹下派中只有参议院按照青木（干雄）的意志支持了石破先生。

常常有参议院无用论或者说一院制更好的议论，但每一次参议院都能顽强地幸存下来。考虑平成时代的政治现状，竹下登先生提高了参议院的地位，在与小泽一郎先生的斗争中打了胜仗。为什么会这样呢？竹下先生本来并不打算提高参议院的地位，只是因为自民党在参议院的席位不足半数，所以开始重视了，最终成就了青木内阁官房长官。

之后，如果反对派在参议院中占多数，在国会的同意人事制度下会出现任命无法通过的问题。民主党政权时期也出现过菅先生在参议院选举中落败的情况。因此，虽然有人说到要如何处理参议院的问题，但是从现在情况来看，没有真正的在野党时，自民党的青木先生一派在尝试成为"在野党"。这对于安倍先生而言，是一件极不舒服的事情。因为无论如何努力，安倍先生都不能影响参议院，参议院的利益、众议院的利益和安倍先生的利益是不同的。

我想说的是政治改革过去也是如此，是从执政党分离出去的政治家和反对派联手，然后通过组建政府使在野党真正开始成长。细川政府和民主党政府都是这样。

芹川洋一：参议院（自民党）现在分为三派：竹下派、宏池会和清和会。有些事情我们看不到，但它们之间似乎是有联系的，这三个派系的人肯定会获得三个职位。在参议院中，似乎有一种跨派系的联手的感觉。如您所说，参议院可能会成为新政治的起点。

御厨贵：平成的政治始于参议院，没有想到的是，在平成时代即将结束的时候，出现了只有参议院投票支持石破先生的意外状况，双院制也很耐人寻味啊。

芹川洋一：这意味着反对派也应该在参议院多做努力吧。

御厨贵：所以，反对派必须在下届参议院选举中努力。

芹川洋一：自民党一定会在下次参议院选举中失败的。关于自民党的席位，在 2013 年是 65 个，在 2016 年是 56 个。按这个趋势来看，预计下一届将会减少 10 个席位。因此，参议院的在野党必须团结起来。但是，在野党如果在这里输了的话，前景将会完全无法想象。

御厨贵：那样的话，安倍政权有可能超过 9 年，长达 13 年，就像英国的撒切尔政权一样。

老年民主能否修正

芹川洋一：下一个问题就是，大田弘子老师和柯蒂斯先生都提到过的少子化、老龄化还有代际问题。

大田女士作为一位经济学家，指出了像数字化、第四次产业革命、共享经济这样的经济社会正在发生的变化，但因为社会制度没有改变，所以这里出现了问题。为了应对这种变化，有必要明确世代的轴心，听取年轻人的意见。柯蒂斯先生也持完全相同的观点。

关于少子化和老龄化的问题，如果把社会保障制度的改革没有进展放到政治角度考虑的话，我想这其实是老年民主的问题。关于如何应对老年民主的问题，我查了一下发现，经济学家们提出过各种各样的建议。

美国人口统计学家保尔·得莫尼提出了"零岁选举权"（Demeny voting）的概念。如果有两个孩子，父母就拥有这两张选票。把没有投票权的孩子的权利交给父母来代行，希望通过这种方式，将老年民主转变成可以为将来考虑的投票行动。

经济学家井堀利宏先生提出了一种分世代选举区制：分别设立20多岁、30多岁的青年选区，40多岁、50多岁的中年选区，还有60岁以上的老年选区等，根据人口比例来设计和举行选举。

法政大学教授小黑一正先生提出了剩余寿命投票制。假设平均寿命是80岁的话，60岁的人的剩余寿命是20年，20岁的人是60年。这是20：60，所以20岁的人的选票的价值也要乘以3。

经济学家说，用这样的方法可以稍微修正老年民主的现状。但是，宪法学家是不可能说这样的话的，在政治学者那里也听不到这样的声音。

御厨贵：毕竟政治学者比较顽固，会主张必须一人一票吧。"关于一张选票的价值问题，本来已经有激烈的讨论了，还要根据年龄的不同进行区分？"确实，经济学家可能会这么说。但是，要在政治学上把这些主张正当化可能很难做到。更何况宪法学家一定会反对。

芹川洋一：修改宪法的话，也许可以做到。

御厨贵：但是，日本的老年人居多，如果要修改宪法的话，估计"团块世代"会开展反对运动呢。

芹川洋一：比如老年新党之类的。（笑）真的不可能这样做吗？

御厨贵：它作为"头脑体操"的话，会很有意思。有这样的讨论是情有可原的，刚刚听到的三个方案，我也觉得都各有道理。但是，如果父母取得了孩子的投票权，孩子的选票也可能变成老年人的意志，他们可能会说应该让今后的孩子们吃些苦之类的话。（笑）

听取年轻人的不满，使之成为"争论点"

芹川洋一：大田女士和柯蒂斯先生都对年青一代，就是那些30多岁、40多岁的人抱有期待。小泉进次郎先生等人算是其中的代表吧。恐怕60多岁、70多岁的人没有什么危机感，但是30多岁、40多岁的人就会有。

御厨贵：年轻人很有危机感。30多岁、40多岁的人对社会怀有莫名的不安，那其实是一种难以想象的不信任感吧。所以，他们不愿被牵涉进政治，我觉得问题在这里。

必须建立一种机制，让年轻的政治家和年轻的有权者通过对话一起制定具体的政策，哪怕只是在一定程度上也可以。

芹川洋一：虽然可能稍有不同，但在某种意义上，这与过去田中角荣不断进行议员立法有些类似吧。

御厨贵：是的，很类似。田中角荣也说"如果放任不管的话，（政治）什么作用也发挥不了"，所以他率先行动了起来。现在没有哪个政治家有这种眼光，所以必须要把年轻人的不满反映到政策上，为了实现这个目标，必须把它们变成"争论点"。

芹川洋一：要让它们成为"争论点"。所谓政治，必须把"争论点"以具体的形式表现出来，而不能仅仅是发泄不满。

御厨贵：是的。我想如果能形式化，将它们变成"争论点"，在政治上进行讨论，就会产生与现在不同的东西。

如果能吸引20多岁、30多岁的有好的想法的人参与，和年轻的有权力的人一起讨论，情况就会大不相同。因为这些人现在认为政治离自己很远，是特别的、奇怪的东西。如果不想办法解决这个特别的、奇怪的东西，自己的要求就不能实现。我觉得，有这样的意识很重要。

重要的是政府与官僚之间的微妙平衡

芹川洋一：大田女士说到，小泉改革是议员与官僚的决策过程改革。因为经济结构发生了变化，所以有必要改变制定政策的过程。我觉得这是个相当棘手的问题。

如果说有议员、官僚和企业家的"铁三角"存在的话，那么因为小泉改革的关系，议员与官僚的关系有了一些变化。但是，在官僚和企业家的联结问题上，有什么办法吗？也有意见说，官僚不要多管闲事。

御厨贵：据说官僚出面，会造成很多麻烦。但是，又不能将官僚完全排除在外。

芹川洋一：所谓政治，说的就是"铁三角"中的政与官吧。

御厨贵：保持一种微妙的平衡很重要。

芹川洋一：至少在经济发生变化的时候，要制定新的政策，而不是去限制它。这样的事情，议员和官僚总能做到吧。

御厨贵：但是，我觉得要让官僚推进什么事情还是很困难的。

将会出现"生命差别"时代的重大课题

芹川洋一：蒲岛郁夫先生说的受灾时的应对也很重要。蒲岛先生主张财政支援制度的常设化、支援住宅重建的制度化、受灾时的人力支援制度化，关于"创造性复兴"也有很多提议。

我觉得，可以把平成时代30年中的每个十年划分为一个阶段。最初的十年是"制度改革"，引入了小选区制并进行了省厅重组；第二个十年，有小泉改革、民主党政权诞生，这是运用制度的十年；最后的十年里，民主党政权垮台，安倍政权出现各种各样的问题，是"制度运用的失败"和"制度运用的问题点"显现的十年。

我想，面向后平成时代的下一个十年、20年是必须进行制度升级的阶段。

最后，从平成时代的政治到后平成时代的政治，您是怎么看的呢？

御厨贵：正如芹川先生所说，我觉得制度的变化集中在这30年里了。

同时，今后的政治必须要应对的是自然灾害，尤其是地震，这是无法逃避的。这和蒲岛先生的话也有关联。第二次世界大战后到现在为止，绝对不会对国民说"你明天可能会死"这样的话，一直都说政治是为了明天的生活而存在，有一半是谎言。但如果说"你明天可能会死"的话，国民就会陷入恐慌。

从平成时代的大地震和自然灾害来看，由于不可抗力，成千上万的人转眼之间就死了。从某种意义上来说，我觉得已经到了重新审视生命价值的时候了。

关于南海海沟大地震，NHK特别节目说，专家认为有80%的概率会发生。这样的话，不论采取多少对策，在地震发生的时候，很多人还是会在瞬间死亡。

发生大地震会死很多人。政治就是要默默地考虑这些事情发生之后需要多少粮食供给这一类的问题，要把焦点放在如何让幸存者活下去的问题上。

但在电视上的宣传是：如果顺利的话，大家都能生存下来。如果不这样说的话，就不能做成一个电视节目。但是，不可能所有人都不会死，都活下来。我认为，今后政治应该做的事情就是要从这个前提出发。

也就是说，以前人们常说生命很宝贵，但是到了灾害频发的年代，就会出现幸存的生命和无法挽救的生命，在这里，会产生生命差别。在出现差别的时代，政治将如何做出指导是个大问题。

而且，在这里，高龄化和少子化的问题也会显现出来。也就是说，发生大灾害的时候，该让谁先逃生？现在虽然也在建造能让老年人幸存下来的设施，但是老年人幸存下来之后该怎么办呢？

如果指导年轻人时说"不能大家一起牵着手逃生。如果有腿脚慢的孩子拖后腿的话，可能会让大家都死掉"，将会彻底改变第二次世界大战后的价值观。

遭受到如此大的灾害，还说"大家一起活下去吧"之类的话，日本人就无法存续下去了。现在的政治世界里没有人这样说。但是，我从参加东日本大地震的复兴会议以来，看到了很多自然灾害，关于这一点，我认为应该有更多的政党真正把它当成问题。

芹川洋一：是啊，生命差别是一个比经济差距严重得多的话题。

御厨贵：从某种意义上说，这是必须由政治来解决的问题。

芹川洋一：日本历史上曾经致力于解决这个问题吗？

御厨贵：不，没有吧。但是，那么大的自然灾害将要袭击日本，日本列岛真的会变成人们说的"火山列岛"。海外发生了大灾害，即使死了很多人，我们也还是没有什么实际感受。日本在第二次世界大战后 70 年里，非常尊重人的生命。有一位首相甚至说过，人的生命比地球还重。

芹川洋一：那是福田赳夫先生吧。

御厨贵：当国家遇到这样的严峻现实时，该怎么办？这是一个政治哲学的问题。

芹川洋一：感觉最后话题变得很沉重了，好像都无法重新振作起来了。这应该是平成时代之后的课题吧。

后记

"要不要做成三部曲啊？"——御厨贵说这话是2017年10月的事情。2014年的《日本政治拍案问答》和2016年的《政治很危险》两本对谈录出版之后，有人对政治学者和政治记者的互相斗嘴感到有趣。于是，就有了这本可以说是"第三条泥鳅"①的书。在之前两本书中，我们已经把能聊的都聊尽了。这次要怎么做？我陷入了深深的思考。

记得是在新年过后的1月末，一个周五晚上，御厨担任主播的《时事放谈》节目结束录制后，TBS制作人石塚博久先生（现在是解说委员）也在场，我们在赤坂的居酒屋

---

① 在日语中表示同样的事情做第三次。

里开始了访谈。

席间，我提议"平成时代马上就要结束了，我们谈一谈平成30年的政治怎么样"。酒精的力量是可怕的，我们当即决定就这样做。

但只是两个人做的话，就真的只是同样的事情重复第三次了。我问："邀请共同的熟人、朋友来做访谈，试着做成由三个部分组成的'鼎谈录'怎么样？""这样能行！"这个提议马上被确定了下来。做决定的时候就是这样。

这时，我脑海中浮现出来的访谈对象是柯蒂斯先生、大田女士和蒲岛先生。

杰拉尔德·柯蒂斯先生用了长达约半个世纪的时间"观察日本政治"，对政界内部非常熟悉。经济学家大田弘子老师在第一届安倍晋三内阁、福田康夫内阁中担任经济财政大臣，直接参与过政策的制定。蒲岛郁夫知事是投票行动分析的第一人，从东京大学法学部教授华丽转身当选熊本县知事。

这三位专家能够从外国、女性、地方三个视角来分析平成时代的日本政治，都是非常合适的人选，于是我们立刻去寻求合作。他们在百忙之中都很爽快地答应了。这是一个让我深切感受到人情味的瞬间，怎么道谢都不够。非常感谢他们。

同时，我们强有力的帮手、日本经济新闻出版社编辑部的野泽靖宏先生，和以往一样带来了出版的构思，问我们："社长说想和出版社正在计划出版中的关于平成经济和平成企业的书一起做成三部曲，可以吗？"当然没有任何问题。社长在理解这本书与其他两部书的风格差异之后，将其作为公司重点出版物的平成三部作品之中的一本，我对社长的英明果断也深表感谢。

往来于日美两国的柯蒂斯先生在繁忙的日程中安排了时间。那一天是举行历史性的美朝首脑会谈的6月12日。我们在三人交谈期间还一起通过电视观看了特朗普总统召开的记者招待会，这也令人难以忘怀。其间，柯蒂斯先生甚至披露了好几则政界秘闻，真的让我不胜感激。

大田女士冒着酷暑来到日经新闻出版社的会议室。她把所有的事情，包括自己的亲身经历，都整理得清晰而有条理，她应该是最配合编辑野泽先生的一位了。不仅如此，大田女士还有着一种不可思议的魅力，三人交谈时也是如此，不知不觉间，气氛会变得活跃起来，看来真正的"萨摩"①女儿就在这里。

蒲岛知事到东京出差时特意为访谈抽出时间，我再次对他表示感谢。知事热情洋溢地谈了很多熊本县厅的事情。但由于篇幅的关系，我没能全部写出来，在此深表歉意。熊本县是我的故乡，我和知事是同乡，而且知事父亲的旧姓也是芹川，希望借本家的情谊，我能得到他的谅解。

政治学者和记者对平成时代的日本政治进行分析的书，以后可能还会有。但是，本书的独特之处是由不同领域的

---

① 指萨摩藩，是日本江户时代的藩属地，在九州西南部。

专家从不同的角度进行分析，然后将其作为一个整体展示出来。如果这本书能获得好评的话，那一定是因为人选之妙，因为御厨具有一贯的随机应变的品质。

本书与我之前的两部作品一样，鼎谈的时候石塚先生也在座，加上出版社的野泽先生、御厨，以及我自己，事实上是四个人在协同工作。在此也向石塚先生和野泽先生表示感谢。

御厨和我因45年前在东京大学法学部三谷太一郎老师的讨论课上是同学而结缘。老师过了伞寿之年，仍然继续创作着大部头作品，对以前的学生不知深浅地出版的三部曲，肯定会不以为然吧。在此也请老师宽恕。

芹川洋一

2018 年